系统性创新方法与实践

郭永春　朱　洁　杨乃琪
代　宁　任　福　编著

清华大学出版社
北京

内 容 简 介

本书是为大学生创新能力培养而编写的教材。本书可分为三个部分,第一部分是系统性创新方法概述;第二部分是系统性创新方法 5 个阶段及其常用工具方法的介绍;第三部分是系统性创新方法的原则与实践。

本书注重理论与实践的结合,吸收了设计思维和 TRIZ(发明问题解决理论)中的典型方法,内容丰富,文字简洁,实用性强。

本书可作为大学创新能力通识课教材,也可作为创新能力培训的辅助教材或相关领域人员的参考用书。

图书在版编目(CIP)数据

系统性创新方法与实践 / 郭永春等编著. —北京:清华大学出版社,2024.2
ISBN 978-7-302-65549-7

Ⅰ. ①系⋯ Ⅱ. ①郭⋯ Ⅲ. ①创新管理—高等学校—教材 Ⅳ. ①F273.1

中国国家版本馆 CIP 数据核字(2024)第 038230 号

责任编辑:邓 艳
封面设计:秦 丽
版式设计:文森时代
责任校对:马军令
责任印制:沈 露

出版发行:清华大学出版社
　　　网　　址:https://www.tup.com.cn,https://www.wqxuetang.com
　　　地　　址:北京清华大学学研大厦 A 座　　　　邮　　编:100084
　　　社 总 机:010-83470000　　　　　　　　　　邮　　购:010-62786544
　　　投稿与读者服务:010-62776969,c-service@tup.tsinghua.edu.cn
　　　质量反馈:010-62772015,zhiliang@tup.tsinghua.edu.cn
印 装 者:三河市人民印务有限公司
经　　销:全国新华书店
开　　本:170mm×240mm　　　印　　张:15.5　　　字　　数:294 千字
版　　次:2024 年 2 月第 1 版　　　印　　次:2024 年 2 月第 1 次印刷
定　　价:62.00 元

产品编号:104977-01

前　言 >>>>

　　本书是为适应国家和社会对大学生创新能力培养的需要编写的一本有关系统性创新方法的书籍。在综合设计事理学和 TRIZ 理论两种典型的创新理论的基础上，结合大学生的知识水平，本书从创新哲学、创新思维、创新方法三个层面构建了系统性创新知识的框架，旨在为学生提供一条简单实用的创新方法，使其在学习、工作和生活中能有意识地应用系统性创新方法解决实际问题，提高自身的创新能力，增强创新意识。

　　本书共 8 章，分为三个部分。第一部分是系统性创新方法概述，主要是对创新方法的一个全景式介绍，帮助读者理解各个章节之间的逻辑关系，形成整体性的认识。第二部分是从第 3 章到第 7 章，主要是对目前典型的创新设计思维的 5 个阶段及其常用工具方法的介绍。第三部分是第 8 章，主要是对系统性创新方法的原则与实践的阐述，为读者提供系统性创新方法的广阔应用前景。

　　本书由西南交通大学郭永春、朱洁、杨乃琪、代宁、任福老师编著。郭永春编写第 1 章、第 2 章；朱洁编写第 3 章、第 5 章；杨乃琪编写第 4 章、第 6 章；代宁编写第 7 章；任福编写第 8 章。全书由郭永春统稿。

　　感谢西南交通大学教务处提供的项目支持和帮助！

　　感谢西南交通大学智慧城市与交通学院提供的支持和帮助！

　　感谢西南交通大学跨学科教学创新虚拟教研室提供的支持和帮助！

　　感谢西南交通大学教师发展中心提供的支持和帮助！

　　感谢西南交通大学工程训练中心暨中美青年创客中心的支持与帮助！

　　书稿在撰写过程中得到西南交通大学智慧城市与交通学院"跨学科创新方法与实践"教学团队的支持与帮助，特此致谢！

　　书稿在撰写过程中得到清华大学出版社策划编辑王莉的支持和帮助，特此致谢。

　　书稿在编写过程中参考了大量的专著、论文等文献资料。对于引用的文字，在正文中进行了标注和说明，同时将主要参考文献列于书后。在此特向参考文献的作者表示感谢！

　　编者水平有限，书中疏漏在所难免，恳请广大读者批评指正。

编　者

2023 年 8 月

目 录 >>>>

第 1 章　绪论

1.1　创新的基本概念

1.1.1　创新的定义

创新是永恒的主题。面对激烈的竞争，国家需要改革，企业需要转型，个人需要转变，这些都离不开创新。创新是一个国家经济发展的动力，是一个民族兴旺发达的灵魂，是一个企业长盛不衰的源泉，是个人保持活力的基础。

创新的含义是复杂的，我们综合以下 4 个方面阐释对创新的理解。

创新由美籍奥地利经济学家约瑟夫·熊彼特于 1912 年提出，他认为，创新就是建立一种新的生产函数，即把一种从来没有过的关于生产要素和生产条件的"新组合"引入生产体系。熊彼特先生的观点可以简单地理解为，创新就是既有元素的新组合，重点在于这种新组合是过去从未有过的，进而促进社会的发展。如共享经济的出现对社会生活的改变。

国际标准化组织（ISO）于 2020 年 2 月发布了 ISO 56000:2020《创新管理—基础和术语》，将创新定义为"实现或重新分配价值的新客体或改变的客体"。国际标准化组织的定义可以理解为，创新就是创造出新的东西，或在原有事物的基础上做出新改变。如人类通信技术的变化是从最初的书信到电报、到电话、到电子邮件、到手机、到聊天软件的一系列变化。

苏联工程师、发明家根里奇·阿奇舒勒在 TRIZ 理论中提出，"创新就是消除技术矛盾"。阿奇舒勒是从工程领域提出的创新概念，所以强调的是技术矛盾。我们可以将其进一步扩展为"创新就是消除矛盾，解决问题"，既可以是消除工程矛盾，解决工程问题，也可以是消除社会矛盾，解决社会问题。因此，创新活动就是在给定条件下消除矛盾，解决问题。

檀润华院士在《TRIZ 及应用》一书中指出，创新是解决问题的过程。问题是在某一时期，社会需求或客户需求与当时技术水平之间有差距而产生的。创新性问题的主要特征是问题求解步骤中，至少有一个步骤是不确定或未知的。这个不确定或未知的就是问题的矛盾。

柳冠中教授在《设计事理学》中指出，设计是人类有目的的创造性活动。设计的最终目的是改善环境、工具以及人类自身。创新活动从人类的需求开始，以"事"作为思考和研究的起点，从生活中观察、发现问题，进而分析、归纳、判断事物的本质，以提出系统性解决问题的概念、方案、方法及组织和管理机制的方案。因此，柳冠中先生的《设计事理学》为创新活动提供了方法论，设计思维就是创新过程的系统思考，设计过程就是各种创新活动的系统性整合。

结合上述关于创新的阐述，本书将创新理解为：

（1）创新就是创造出新东西。本书将创新做广义的理解，创新就是创造出新东西。新东西可以是新产品、新技术、新功能、新服务、新过程、新模式（如组织、商业、运行或价值实现模式）、方法（如营销或管理方法）等；新东西可能是物质的（如一台发动机）、无形的（如一个项目计划）或想象的（如组织的未来状态）。

（2）设计事理学和 TRIZ 理论是创新活动的方法论。本书将设计事理学和 TRIZ 理论作为创新活动的方法论，突出强调创新活动从人类的需求开始，以"事"为思考和研究的起点，从人的需求痛点开始，通过调查分析对象目标，找到其中的矛盾冲突，通过想象、联想、构思创意，寻找理想解，然后将抽象的创意具体化、可视化为解决方案或创意原型，并反复地迭代进化，直至满足人们的需求，解决痛点。

（3）创新设计过程就是提出问题、分析问题、解决问题、反思问题的系统性过程。这个过程可以通过设计思维进行整合，形成创新活动的系统性思考，即系统性创新思维过程。在本书中，将创新设计思维简化为同理心调查、定义问题、构思创意、具化原型和测试反馈 5 个关键过程。

（4）创新方法工具的选择则是将设计事理学、TRIZ 理论等各种从创新实践活动中总结出来的方法进行分类、组合，形成一套简单实用的系统性创新方法。

（5）创新的基本特征是在给定条件下，消除矛盾，解决问题，创造新东西、满足新需求、产生新价值。新东西是创新活动的直接结果，是需求痛点、问题矛盾、意义价值的载体。创新活动的前提和基础是消除矛盾，解决问题，即只有在解决人们需求痛点的基础上，创新活动及其结果才有意义和价值。

1.1.2 创新的等级

一项创新从最初的想法到形成方案，存在各种各样的限制条件，充满着形形色色的问题和矛盾。TRIZ 理论发明人阿齐舒勒通过分析大量的专利，将它们按照难易程度、普通工程师在搜索解决方案过程中采用试错法的次数、所涉及的知识范围和产生的社会影响，即从效果、效率、效益的角度，将创新分为 5 个等级，即一级创新（简单发明）、二级创新（较小改变）、三级创新（较大改变）、四级创新（新应用）、五级创新（突破）。除了尖端科学发现（不足 1%）外，其余 99% 的问题都可以通过 TRIZ 方法加以解决。

一级创新（简单发明）：对于一个技术系统的简单改善，要求具备该系统相关行业的知识。一级创新只是简单的发明，在发明专利中约占 32%。普通工程师在搜索解决方案的过程中采用试错法的次数约在 1～10 次。如用厚隔热层减少建筑物墙体的热量损失，用承载量更大的重型卡车代替轻型卡车。

二级创新（较小改变）：一个包含解决技术矛盾的发明，要求从该系统相关行业中不同领域获取知识。二级创新只是对现有系统的简单改进，在发明专利中约占 45%。普通工程师在搜索解决方案的过程中采用试错法的次数约在 10～100 次。如可折叠野外宿营帐篷，在焊接装置上增加一个灭火器，等等。

三级创新（较大改变）：一个包含解决技术矛盾的发明。需要突破自己的行业界限，从其他行业中获取知识，但不会超出所在的学科，如不超出物理学科。三级创新对现有系统有较大的改进，在发明专利中约占 18%。普通工程师在搜索解决方案的过程中采用试错法的次数约在 100～1000 次。如汽车上用自动传动系统代替机械传动系统，在电钻上安装离合器，计算机用鼠标代替键盘，等等。

一般来说，一级创新谈不上创新，它提出了对现存系统的改善，但未解决任何矛盾；二级创新和三级创新解决了矛盾，可以被定义为真正的创新。

四级创新（新应用）：一个具有突破意义的新技术的产生。需要突破学科的界限，如从物理学科到化学学科，在一个不熟悉的领域寻找解决问题的方法，要求从不同领域获取知识，充分利用那些突破性的尖端技术、方法和新材料。第四级创新同时也改善一个技术系统，但并不解决现存技术系统的问题，相反，该创新是用一个新兴技术代替原有技术来解决问题，在发明专利中约占 4%。普通工程师在搜索解决方案的过程中采用试错法的次数约在 1000～10000 次。如第一台内燃机车的出现、集成电路的发明、充气轮胎的发明、记忆合金制成的锁、虚拟现实的出现等。

五级创新（突破）：发现新现象。由发现新现象推动现存技术系统达到一个更高的水平。第五级创新可以说是一种突破，它所体现的科学技术的某种突破常常在非预期的情况下产生。这样的发明转入应用后会产生一个新系统，或者一种新型材料，帮助我们实现那些原来不能满足的需求。这类发明具有一定的偶然性，在发明专利中仅占 0.4%，但它的出现将对当代科技的发展产生不可估量的影响和作用。普通工程师在搜索解决方案的过程中采用试错法的次数约在 10000～100000 次，甚至更多。如蒸汽机、计算机、形状记忆合金、激光、晶体管等的发明。

根据阿齐舒勒对专利项目的研究和统计，77%的专利属于一级和二级创新，所涉及的问题比较简单，所需要的方案平淡无奇，有一定的可预见性，所需要的知识不超出公司或行业的界限。一般来说，这类创新发明级别比较低，一个工程师利用自己的专业知识就能完成。三级及其以上的创新发明就没那么容易获得，需要具备一定的创造能力和更为宽泛的知识。

1.1.3 创新的障碍

面对创新，有两个重要的问题，首先是"做正确的事情"，然后是"正确地做事情"。前者是方向，后者是方法。知道创新的意义是一回事，懂得如何有效创新是另一回事。要在认识创新重要性的基础上，进一步选择创新的方法和工具，提高创新的效果和效率。创新不仅需要一种以人为本、开放、积极向上的态度，从思想上认识创新，接受创新，学习他人的先进经验和技术，还需要一整套的工具和方法论。将创新设计原型真正落地，不只是喊口号，而是脚踏实地地给出可操作方法，将创新做到流程化，提高创新的效果、效率和效益，进行系统性创新。通过创新方法的学习，我们可以克服在创新活动中的一些障碍或问题。孙永伟在《TRIZ：打开创新之门的金钥匙》一书中总结了几种典型的影响创新的现象，摘录如下。

1. 思维惰性

研发人员由于自身知识的局限性，只关注自己领域的发展，对自己领域以外的知识知之甚少，从而形成了思维定式，正所谓隔行如隔山，遇到问题只会从自己熟悉的领域中寻找答案，而很少在自己不熟悉的领域寻找解决方案。而这个问题的最佳解决方案却往往有可能在另外一个领域，从而造成解决问题的成本过高，解决问题的时间过长，而且解决方案也不是最优的。有人曾发现一个规律：在一个专业领域中研究得越深，就越难从这个领域中跳出来。折中的倾向就是工程师陷入惯性思维的表现。

2. 解决错误的问题

有的问题没有经过系统的思考，工程师就想当然地认定当前问题就是要解决的问题，但在项目进行中才发现问题难以解决，但有一些非常聪明的解决方案却巧妙地解决了另外一个问题，而非最初的问题，同样达到了项目的目标。有的项目在技术方面取得了突破，但由于解决的是客户并不关心的问题，所以并没有将其转化为收益，从而造成了资源浪费。

3. 重复解决问题

一个工程师遇到的某个技术难题对于该工程师来说可能是一个新问题，但对于其他工程师来说可能已经有了一个不错的解决方案。或许这个技术问题对于这个企业的研发人员来说可能是一个新问题，但对于其他企业来说，这个问题已经有了成熟的解决方案。某个行业内的新问题，在其他行业中可能被碰到过，而且已经有了成熟的解决方案，也就是说它已经不是一个新问题了。但由于知识的局限性，工程师们并不知道其他领域已经存在的解决方案，所以不能很好地将其他领域的解决方案移植过来，从而导致研发效率低下。

4. 试错法

与高校以及科研单位的研发不同，企业的研发要求时效性非常强。如果不能比竞争对手更快地解决问题，将很难在市场中处于有利地位。选用试错法造成这个局面，即一次又一次地做尝试，直到找到合理的答案为止。这种方法不但需要的时间长，而且浪费资源，造成开发成本过高，得到的解决方案也不一定很理想。伟大的发明家爱迪生在发明灯丝的时候曾经做过 1000 多次实验，现在看起来，这并不是一种明智的做法。

基于以上的各种瓶颈，要想提高研发效率，就必须有新的方法论来指导创新。

1.2   系统性创新的方法论

有效创新从来都是一项"解决正确的问题"和"正确地解决问题"有机融合的系统工程。如果将创新理解为解决问题的过程，那么其思维流程大致如下。

（1）遇到一个难题或复杂现象。

（2）利用各种方式对问题进行观察、测量、分析。

（3）找到其中的主要矛盾和矛盾的主要方面。

（4）结合相应的理论或技术方法，按照一定的前提条件和预期结果提出解决方案。

（5）进行实验，验证解决方案的合理性、有效性。

（6）如果达到预期的前提条件和预期结果，则证明解决方案是合理有效的。

（7）如果不符合预期的前提条件和预期结果，则返回难题或复杂现象本身，重复上述过程，修改前提条件、预期结果或解决方案，反复迭代，直至问题得到合理的解决。

这个过程就是一般所说的科学思维方法，即面对一个问题，提出假设（前提条件、预期结果和判断标准），然后检验，判断结果是否符合假设（预期的结果），即提出问题、分析问题、解决问题、反思问题。

对于这个系统性解决问题的过程，目前比较典型的理论方法有 TRIZ 理论和设计事理学。本书主要对这两种创新方法做综合性介绍。

1.2.1　TRIZ 理论与 ARIZ 算法

TRIZ 是俄文名称英文音译的缩写，意思为"发明问题解决理论"。TRIZ 理论始于工程技术专利，用于寻找工程技术系统规律，目的是提高工程技术创新的效果和效率。TRIZ 理论在创新方法中格外突出，其原因在于它在创立之初就考虑了跨领域的共通性，在于阿奇舒勒及其继承者对这种方法不断进行了科学验证和改进。很多创新方法都没有超过主观假设的范围，而是停留在定性评价的层面，TRIZ 理论却更进了一步。TRIZ 理论的基本假设是，在不同领域里，相同的问题和相同的解决方法总是会反复出现；某个领域最近才得到解决的问题，其实有九成已经在其他领域得到了解决。阿奇舒勒及其继承者对 TRIZ 理论进行了量化验证，即通过对约 200 万份成功解决问题的专利的检验验证，证明了 TRIZ 理论的合理性和有效性，从而成为一种发明问题解决理论。TRIZ 理论实现了从创新经验到创新理论的飞跃，又反过来指导创新实践。TRIZ 理论犹如一个指南针，把我们引向一个云集众多解决方案的方向，大大加速了寻找解决方案的进程。

经典 TRIZ 理论由苏联工程师阿齐舒勒及其团队提出并发展，其主要内容包括理想度法则、发明创造 5 级标准、ARIZ 创新算法、工程技术系统进化的 8 种趋势、描述工程技术问题的 39 个通用工程参数、适合 how to 模型的 922 种科学效应、解决系统矛盾冲突的 40 个发明措施、解决物场相互作用的 76 个标准解。现代 TRIZ 理论在此基础上又增加了功能分析、因果链分析、功能导向搜索、剪裁等分析问题的方法。TRIZ 理论是从大量的工程技术专利中总结而来的，具有显著的工程特征，因此常常作为工程技术创新的代表性理论，在机械工程、电气工程等工程创新领域得到广泛应用，如在三星集团、福特汽车公司、波音飞机公司等企业都得到了充分的认可和接受。

　　TRIZ 理论是在总结和提炼人类发明诀窍的基础上形成的,是从器物局限到人类需求的系统性创新方法。在超出自己的知识和经验之外,形成了超越学科界限的创新理论,指导人们在一个更广阔的领域寻找问题的解决方案。TRIZ 理论原本是为工程师创建的一种方法,但所蕴含的理念、原则、程序和方法已经被运用到管理、市场、艺术、教育、心理学等其他领域,成为人们不可或缺的一种创新工具。TRIZ 理论指引我们到达一个未曾知晓的地方,那里存放着前人发明的各种优秀方案,并经过提炼转化为 TRIZ 理论概念性方案。更重要的是,TRIZ 理论提供了一套非常有用的工具,用以解决各种复杂问题。在 TRIZ 理论的帮助下,科学家和工程师能够有效地利用自己的宝贵时间,加快科技创新的步伐。

1.2.2　设计事理学与设计思维

　　《设计学概论》(尹定邦)、《设计事理学》(柳冠中)等设计理论教材中指出,设计是人类有目的的创造性活动。设计的最终目的是改善环境、工具以及人类自身。设计思维是在设计理论基础上提出的系统性创新思维。基于此,本书将设计理解为实现创新创造的过程,设计和创新创造是一个整体。设计事理学的核心理念是实现从设计"物"到设计"事"的飞跃,使设计不仅能够通过更好的产品服务人,更能够通过产品所传递的优良品质和魅力,无形地渗透到人们的生活和内心,产生一种新的生活方式,即设计"事"。

　　设计活动从人类的需求开始,以"事"为思考和研究的起点,从生活中观察、发现问题,进而分析、归纳、判断事物的本质,以提出系统解决问题的概念、方案、方法及组织和管理机制的方案。设计创造始于人,尤其是人类的需求,理解消费者,从中获得灵感,以此为起点,寻求突破创新。设计创新主要强调从人,尤其是客户的角度思考问题。

　　设计思维是设计事理学的思维。目前比较有代表性的设计思维模型是 IDEO 公司的启发—构思—实施模型、斯坦福设计学院的同理心—定义—构思—原型—测试模型、柳冠中提出的观察—分析—归纳—联想—创造—评价模型。可以看到,这三种设计思维模型侧重的都在于设计的过程,在设计过程中有若干个关键节点,构成设计思维模型框架。但对于在每个关键节点选择什么方法没有规定,这给了使用者极大的自由度。基于设计思维的认识和理解,在每个关键节点的方法也被罗列出来,如同理心地图、空白画布、5W1H、用户体验地图等,形成了一套创新设计方法。

1.2.3　系统性创新方法与系统思考

比较而言，TRIZ 理论从"物"开始，根据工程技术系统进化规律，提出了一套提出问题和解决问题的系统性创新方法（ARIZ 创新算法）。这套方法主要是以物理学（包括化学、数学）为基础。设计事理学从"人"开始，根据事理学原理，提出了一套提出问题和解决问题的系统性创新方法（设计思维）。然而，不论是从人开始，还是从物开始，人们的创造活动都统一于具体实践，主要表现为人与人、物与物、人与物之间的相互作用，即人与人之间的事、物与物之间的事、人与物之间的事。同时，这些事都要遵循相应的物理、哲理、伦理、心理等理论原理。基于这种认识，本书将这些理论原理、相互作用统一于事理学之中，将设计事理学和 TRIZ 理论作为系统性创新方法（系统思考）的理论基础。

TRIZ 理论和设计事理学都是消除矛盾、解决问题的系统性创新方法论（系统思考），只是问题的出发点不同。TRIZ 理论和设计事理学主要的作用在于产品的概念设计阶段，在提出创意方案、生成原型后，还需要后续的产品设计、加工制造、运营维护等生产制造流程，才能使创意原型变成实物产品，进而变成商品。这是在学习这两种创新理论时应注意的问题，可以结合实际情况综合使用。

由于 TRIZ 理论是从工程技术系统出发，对学习者的知识背景有一定的要求，尤其是理工科背景，TRIZ 理论更适合有一定理工科基础的学习者学习。设计事理学则是从人的经验认识出发，只要具有一定的经验即可，相对简洁，对初学者比较友好。二者虽然在形式上有所区别，但在实践中却是融合于人们的创新活动之中的。

在创新活动中，创意构思是非常重要的。在创意构思实践中，随着使用者熟练程度的不断提高，设计思维中常用的概念提取、随机词、思维导图、圆圈635 法、讲故事、双气泡、旧元素新组合、同理心地图、头脑风暴等方法产生的创意，只是在自己经验范围内前进了一步，从一个人的经验，拓展到几个人的经验。这是因为这些方法大都只是一种经验的平面扩张，提供了其他视角来分析已经存在于自己头脑中的以往经验，进而将其与其他经验结合起来，从而创造出新的事物。

这就像只用"过去用过的食材"进行烹调。虽然通过学习新的烹调方法能够暂时增加菜品的种类，但反复实践就会发现，菜品的品种还是有限的（高木芳德，《日常生活中的发明原理》）。这样一来，我们就需要新的食材，也就是不同于以往的经验和信息。这就要求我们在不同以往的新领域进行学习。TRIZ 理论包含了在不同领域进行学习的方法,甚至其中已经具备了不同领域的知识,而且这种方法还经过了数百万数据的验证,已经从经验层次上升到了理论层次。因此,本书探索性地将 TRIZ 理论中的 40 个发明原理、76 个物场标准解、N 个科学效应、剪裁、功能导向搜索等方法引入创意构思方法,希望丰富创意构思的方法。

本书从创新实践出发,以设计事理学和 TRIZ 理论为创新方法论,以设计思维为创新活动主线,将同理心地图、5W1H、功能分析、试错法、头脑风暴、40 个发明原理、理想度审核、进化趋势分析等方法分类整理,形成一套简单实用的系统性创新方法,为提高学习者的创新能力提供理论基础。

1.3　本书的主要内容

综合设计事理学和 TRIZ 理论的内容,本书主要内容大致可以分为 3 个部分。

第一部分是第 2 章,主要从整体上介绍系统性创新方法的概述,让读者对本书内容有一个整体性的认识。

第二部分是第 3 章至第 7 章,主要是对系统性创新设计方法的同理心调查、定义问题、创意构思、原型具化、测试反馈 5 个阶段及其工具方法的介绍。在每一章中,主要介绍该阶段的基本概念、基本行动原则,主要方法及其应用案例。

第三部分是第 8 章,主要是从组织、社会、全球化的角度,简要阐述系统性创新方法的应用原则、范围及其组织方式等。

1.4　本书的学习建议

创新的过程是一个将新想法应用到新现实的实践的过程。创新方法的学习也需要反复实践才能理解和掌握。实践是理解理论的最好途径,工具则是抽象思想在实践中发挥作用的有效手段。

学习系统性创新理论就像学习游泳和驾驶一样,接受良好的训练只是一个开始,但要真正掌握它,还需要以自己的方式进行大量实践,只有经过长时间的刻意练习,才能建立通往成功的自信。在实践中,重要的是能够以同样的方法解决别的问题,这样才能证明你真正掌握了相应的方法。只有这样,你才能说真正领会系统性创新理论的真谛,体验到它的能量和解决问题的效率,尤其是当你应用系统性创新理论解决了公司或生活中的一些关乎未来发展的重要问题时。你在系统性创新理论上的付出才会得到回报,并受益终生。

第 2 章　系统性创新方法概览

　　无论是 TRIZ 理论还是设计事理学，都是人类在给定条件下，提出问题、分析问题、解决问题、反思问题这个基本思考逻辑的实用形式。正是在这个认识上，本书尝试从实践出发，将 TRIZ 理论和设计事理学两种创新方法中的思想、流程和工具进行整合，整理出了从定义问题到解决问题的系统性创新流程及其对应的思维工具。

　　系统性创新分为三个层次（见图 2-1）。第一个层次是创新哲学思想，主要是指系统性创新的基本观点和思想，如以人为本、需求与痛点、对象与目标、矛盾与冲突、创意与灵感、方案与原型、系统与功能等，这些观点是进行创新活动的前提条件、思想、原则。第二个层次是创新设计思维流程。就是把这些思维工具按照从定义问题到解决问题的逻辑流程组织起来，形成系统性创新的流程，达到消除矛盾、解决问题、创造新东西、产生新价值、满足新需求的目的。第三个层次是创新思维工具。创新思维工具是实现创新问题求解关键步骤的有效工具，就像活口扳手、自行车、筷子、电子秤等器物工具一样，解决创新过程中的思维难题。这些工具可以单独使用，也可以组合起来成为综合性的方法。

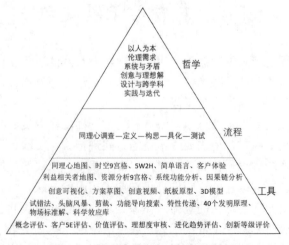

图 2-1　系统性创新方法的整体框架

本章主要对创新哲学思想、创新设计流程、创新思维方法简要介绍，给读者提供系统性创新方法的整体样貌。在本章中，只是将创新思维方法的名称简要列在对应的创新设计流程之后，对于创新思维工具的详细内容，本书将在第3章至第7章详细论述。

2.1 系统性创新的哲学思想

系统性创新的哲学思想主要对以人为本、需求与痛点、对象与目标、矛盾与冲突、创意与灵感、方案与原型、系统与功能等观念进行阐述。

2.1.1 以人为本

以人为本是创新的前提和原则。在本书中，人的概念是广义的，包括生产者、消费者等在创新活动中涉及的利益相关者。读者在阅读时应注意区分。

柳冠中在《设计事理学》中指出，创新活动的整个过程都是由人来实现，并为人服务的。社会需求、客户需求是创新的动力和源泉。因此，创新活动应以造福社会、造福人类、满足需求为目标，同时，也应注意创新活动带来的副作用，如资源浪费、环境污染、技术的不合理利用等。系统性创新是在以人为本的前提下开展的促进人类可持续发展的创新活动，是包含事理、物理、伦理的综合性活动。同理心是跨学科创新方法中一个重要的原则，就是要求设计师在创新活动中能换位思考，真正理解客户和用户的需求。这也是以人为本的一种体现。

在系统性创新方法中，设计师是为他人服务，造福社会、造福人类的创新群体。因此，设计师的视角是更广泛的视角，是全球化的、全人类的，至少是为某一类群体服务的，如设计老年手机、盲人计算机等。

在系统性创新方法中，将以人为本的创新过程分为需求痛点、对象目标、矛盾冲突、创意灵感、方案原型5个节点；将以人为本的创新过程分为同理心洞察、定义问题、创意构思、具化创意、测试反馈5个阶段。这5个节点与5个阶段和以人为本的目标相互呼应，共同构成了系统性创新方法的逻辑框架。

2.1.2 需求和痛点

需求和痛点是系统性创新的起点。人们在生产生活中总会遇到各种各样的困难，我们把这些困难统称为需求和痛点，也就是人们需要解决的各种问题。根据马斯洛需求理论（见表 2-1）可知，人的需求大致可以分为生理需求、安全需求、归属需求、尊重需求和自我实现 5 个层次。

表 2-1　马斯洛需求层次简表

序　号	需求类型	说　　　明
1	生理需求	指维持人类自身生存的基本需求，如食物、水、空气、睡眠等
2	安全需求	指人对安全、秩序、稳定及消除恐惧、威胁、痛苦的需求
3	归属需求	指人要求与他人建立情感联结，以及隶属于某一群体并在群体中享有地位的需求
4	尊重需求	包括自身对成就和自我价值的个人感觉，以及社会和他人对自己的认可与尊重
5	自我实现	指人最大限度地发挥自己的潜能，不断完善自己，完成与自己能力相称的事情，实现自己的理想

在系统性创新方法中，需求泛指各类需求，包括个人需求、企业客户需求、国家需求、人类需求等。个人需求是指某一类群体，如老年人、儿童、妇女等群体，而不是仅仅局限于某个人；企业需求，如开发新产品、提高销量、提高企业竞争力等。国家需求，如芯片开发技术、高铁技术、航天技术等。人类需求，如控制环境污染、消除贫困、应对资源短缺等。

这样一种广泛意义上的需求和痛点是相对理性的，因为其代表的至少是一个群体的需求和痛点。但在实践中，这些需求和痛点在平时可能会被忽视，成为生活中的盲点，在某些个体的投诉、抱怨、事故中才被发现、被调查、被观察、被洞察，从而成为一个需要解决的问题。如城市里面的公共厕所问题、农村的留守儿童和留守老人问题等。

系统性创新方法的第一阶段为同理心洞察，就是希望设计师等在调查、观察、洞察的实践中观察描述需求与痛点的特征，确定问题的对象和目标。

2.1.3　对象与目标

对象就是指需求和痛点所涉及的对象，此处的对象指的是人，或者说是一类人，如老年人、儿童等。目标就是将客户的需求转化为可以实现的结果。例如客户说"需要一台更好的洗衣机"，这是客户的直接目标。更近一步，客户需要更好的洗衣机的目的是什么？目的就是客户的渴望、需要和价值。客户将这些隐性的需求隐藏在了"需要一台更好的洗衣机"的目标之中。

客户的需求和痛点总是在一定的情境中发生，因此，通过同理心洞察的方法明确这些需求和痛点中包含的对象和目标到底是什么，是必要的。通过同理心洞察，就是要明确在客户需求和痛点之中包含的对象范围和具体目标。

客户的目标就是创新活动的目标。但这个目标涉及一个度的问题，比如，客户需要"一台更好的洗衣机"，这个"更好"就是目标的理想程度。就要通过和客户交流，确定这个"更好"具体是什么意思。这个例子就涉及一个"理想度"的概念。

从客户的角度来说，成功的创新就是为客户提供比已有解决方案更理想的解决方案。这里的"理想度"是指客户（感知到的）收益除以同时存在的成本和损失。成功的创新得到的结果更理想，意味着成功具有大概方向，即向着更理想的方向发展。

理想度决定创新发明的价值。一个系统，不管是物理系统还是非物理系统，都要能产生溢价，即在最小投入的条件下获得最大的收益（如功能和特性），并尽可能减少输出结果中的有害部分（功能冲突、效率低下等），特别是对环境的危害。系统的形成、发展和进化其实就是理想度渐进提升的过程。

客户的渴望、需求、价值等都会与理想度产生关联，或者说可以理解为理想度的人文表达。最终理想解是创新目标的极限。面对现实约束，在给定条件下，适当调整理想度即可达到的目标，即现实理想解。

对象和目标就是对客户需求痛点的再理解、再描述，将其转化为客户、设计师都能达成共识的问题情境。在系统性创新方法的第二阶段为定义问题，就是将达成共识的对象和目标进行分析和定义，找到其中深层次的矛盾和冲突。

2.1.4　矛盾与冲突

每个问题都可以看作一个系统，提醒设计师进行系统性的思考，同时也认识到系统的复杂性，能够有效识别系统中的矛盾与冲突，找到解决问题的方法。矛盾与冲突是指客户的目标需求和现实条件之间的矛盾与冲突。这里的矛盾与冲突既可以是心理学意义上的矛盾与冲突，也可以是物理学意义上的矛盾与冲突。

在 TRIZ 理论中，矛盾被划分为三种类型：管理矛盾、技术矛盾、物理矛盾。

1. 管理矛盾

一个介于需求和满足它的能力之间的矛盾。发明问题在某个领域长期存在，知道需要做什么去改善现状，但是不知道该如何去做。例如，一个不合适的系统参数应该被改进（如提高计算机性能）；管理上有一定的缺陷应该避免（如投资效率不高），但是不清楚如何避免；做出的产品有缺陷，但是不清楚原因；

等等。这些矛盾通常被称作管理矛盾。管理矛盾经过分析可以转化成技术矛盾和物理矛盾。

2．技术矛盾

两个参数、功能、属性、质量等彼此之间的矛盾，如为了改进技术系统的某一个参数 A，而引起了系统的另一个参数 B 的恶化，则说明系统内部存在着技术矛盾。所有的人工系统、机器、设备、组织或工艺流程都是相互关联的参数的综合体，如生产率、能耗、数量、规模、运行效率、清偿能力等，尝试去改善一个参数往往会造成其他参数的恶化，从而形成技术矛盾。技术矛盾产生的根源在于技术系统内部的参数、功能、属性因不协调所形成的对立。

3．物理矛盾

两种截然不同的需求 A 和非 A 制约一个参数 P 的矛盾。即对技术系统中的某一个组件、元件的参数 P（或属性）提出了截然不同的需求 A 和非 A 时，该系统存在物理矛盾。A 和非 A 两种需求如同拔河一样，此消彼长，一方的获益建立在另一方的损失之上。

与技术矛盾相比，物理矛盾在解决实际问题时应用得更为广泛。物理矛盾产生的根源来自于技术系统外部对技术系统内部某元件的参数或属性的截然不同的对立需求。现实存在的问题中，几乎不存在找不到物理矛盾的情况。

4．三类矛盾之间的相互转化

通常管理矛盾包含了若干技术矛盾和物理矛盾。经过分析，管理矛盾可以转化为技术矛盾和物理矛盾，技术矛盾可以转化为物理矛盾（见表 2-2）。转化路径：管理矛盾→技术矛盾→物理矛盾。

表 2-2　三类矛盾之间的关系

问 题 陈 述	管 理 矛 盾	技 术 矛 盾	物 理 矛 盾
现象、痛点、冲突、盲点、问题	不知道如何解决存在的难题、缺陷、问题	参数 A	既需要参数 P
		参数 B	又不需要参数 P

理论上矛盾可以相互转化。但由于上述转化路径在解决矛盾上趋于越来越彻底，因此反向转化极少。较为常见的是把技术矛盾转化为物理矛盾。

在企业组织系统中，物理矛盾会变成经济矛盾、心理矛盾等。技术矛盾仍然是存在的，只是其相关参数变成了管理参数之间、经济参数之间、行为参数之间的矛盾。

例如，客户需要一台更好的洗衣机这个例子，从心理学上分析，如果研究对象是客户，客户和洗衣机之间的矛盾冲突可能是洗衣机把衣服洗得更干净；也可以是不但可以将衣服洗干净，还能自动烘干；还可能是使洗衣机噪声更小，体积更小，造型更好看；还有可能是衣服不用洗，就可以一直保持干净。这时的矛盾冲突是客户和洗衣机之间的矛盾冲突，如客户的心理预期、情感需求、时间需求、声音需求等。这时的解决方案是以客户为中心来考虑的，可能是客户将衣服送到洗衣店去洗，但需要额外支出洗衣费；或花更多的钱买功能更多的洗衣机；等等。

对于客户需要一台更好的洗衣机这个例子，从技术上来说，此时的研究对象就转变为洗衣机，而不是客户了。工程师就会根据客户的需求，去研发功能更多、噪声更低的洗衣机。这时，客户的需求与痛点就转化为技术矛盾、物理矛盾。如功能更多的洗衣机可能体积更大，噪声更低的洗衣机可能需要洗衣机中的电机降噪技术提升，等等。

因此，对象和目标不同，矛盾和冲突也会不同。这种分析思路上的差异受设计师的知识背景、思维习惯等因素的影响。在创新实践中提醒设计师应注意在创新活动中研究对象的有意或无意的变化，将会引起创新方向的转变。因此，在创新实践中设计师既需要有灵活性也需要有适当的对创新目标的定力。

2.1.5　创意和灵感

创意和灵感是设计师对客户需求与痛点、对象与目标、矛盾与冲突的综合理解，是深层次的理解，是对矛盾与冲突的解构与建构的结晶，或者说是原来矛盾冲突元素的重新组合，形成新东西，如新产品、新技术、新功能、新服务、新过程、新模式（如组织、商业、运行或价值实现模式）、新方法（如营销或管理方法）等；新东西可以是物质的（如一台发动机），也可以是无形的（如一个项目计划）或想象的（如组织的未来状态）。这种新的东西使原来的需求得到了满足，痛点得到了消除。

例如，对客户需要一台更好的洗衣机这个例子，一个比较好的创意就是去创造一种新材料，制作一种不用洗的衣服，这时就不需要洗衣机了，这是一种最理想的解决方案。这种创意就是高质量的创意。这种创意跳出了原有研发洗衣机的惯性思维，转向研究制造衣服的新材料，而且对新材料提出了新的技术要求。这时，就从一种心理学上的需求转化为工程技术需求。这个新的要求就会促使材料专家产生创新。

创意构思就是在这种创造性思考的过程中，丰富人的想象力、联想能力，使原来一筹莫展的矛盾死结豁然开朗，柳暗花明，产生一种针对矛盾的新视角、新观点，新理解。这是一种思维上的突变，会逐步拓展人的思维边界和认知半径，突破惯性思维的障碍。创意构思的过程是一次思维跃迁的过程，从定义问题跃迁到解决问题，从摆脱矛盾困境跃迁到形成创意结晶，从摆脱思维困境跃迁到获得心流体验，是一种思维的突变过程，是形成新思想、新观念的过程。

创意和灵感代表着一种旧元素的新组合、新秩序、新形态。由于创意灵感是深度思考、联想过程中突然涌现生成的思想的萌芽，它是脆弱的，模糊的，若隐若现的，因此就需要设计师及时捕捉，将其具体化、可视化。系统性创新方法的第四阶段为具化创意，在这一阶段运用各种方法及时捕捉创意，使其具体化，可视化。

2.1.6 方案与原型

具体化的创意灵感就是方案原型。经过创意构思，我们形成了基于现实矛盾或最终理想解的思想结晶或概念方案。但这些概念方案或思想结晶都是模糊的，只是创意的雏形、灵感的火花，还需要通过一些可视化的手段，将抽象的思想、模糊的概念逐渐清晰化、物化、固化，使其从隐性转化为显性，能为更多的人了解和接受，进而变成可行的方案。

通过创意可视化，用语言、文字、符号、图形、器物等形式将思维过程明晰地表达，将模糊的创意可视化的目的是给创意赋予具体的外形，这样就可以了解这个创意的长处和短处，并找到新方向来搭建更详细、更精密的模型。

可视化后的创意就是原型——解决方案的原型。创意原型可以用语言说出来、用文字写出来、用符号表达出来、用草图画出来、用实物做出来。从创意到原型的过程是进一步思考的过程，用语言文字思考（概念，符号，语言钉、视觉锤）、用图形思考（思维导图、思维蒙太奇）、用身体思考（社会大剧院、小剧场）、用手思考（物理原型），这是一个迭代的过程，是不断检验创意的合理性、可行性的过程。

方案和原型塑造的目的是使创意快速流畅地可视化表达，不需要精确的专业技术。我们应尽量选择简单易行的工具和方法来进行原型塑造，尽量避免选择专业工具，因为专业工具的使用需要专门的学习，将会花费更多时间，甚至偏离目标和方向，阻碍快速塑造原型的实现，除非你非常熟悉这些专业工具。

在提出解决问题的方案原型后，还需要再次回到创新活动的起点，即客户的需求和痛点，接受客户的评价和反馈。系统性创新方法的第五阶段为测试反馈，就是运用各种方法检验测试、评价方案原型的合理性、可行性。

2.1.7 系统与功能

在系统性创新方法中，我们将客户的需求和痛点看作一个系统，方案和原型看作一个系统。系统的概念可以很大，如整个社会，整个地球，等等；也可以很小，如两个相互作用的人，或两个相互作用的物，等等。

在《论系统工程》一书中，钱学森院士给出了系统的定义（见图 2-2）："我们把极其复杂的研制对象称为'系统'，即由相互作用和相互依赖的若干组成部分结合而成的具有特定功能的有机整体，而且这个'系统'本身又是它从属的更大系统的组成部分。"

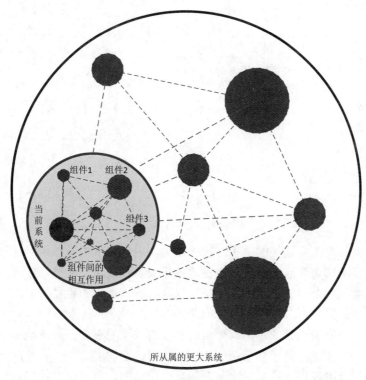

图 2-2　系统定义图解

定义中包含了四个关键点。

（1）系统是由多个组成部分（组件）组成的。

（2）系统组件之间存在着相互作用。

（3）系统具有特定的结构，表现为一定的功能和行为，系统是功能的载体。

（4）整体中的某些部分可以被看成该系统的子系统，而当前系统又是一个更大规模的系统中的一个组成部分（组件）。

在系统工程理论中，系统被赋予了七大属性：集合性、相关性、层次性、整体性、涌现性、目的性和系统对于环境的适应性。结合系统的定义可将这 7 个属性概括为三大属性（见图 2-3）：时空属性、结构属性、功能属性。

时空属性	结构属性	功能属性
适应性：任何一个系统都存在于一定的环境中，在系统与环境之间具有物质、能量和信息的交换。环境的变化必定会对系统及其要素产生影响，从而引起系统及其要素的变化	集合性：系统由多个不同的要素组成	目的性：系统工程所研究的对象系统都具有特定的目的。研究一个系统，首先必须明确它作为一个整体所体现的目的与功能
	层次性：一个系统包含许多层次，上下层次之间是包含与被包含的关系	
	整体性：系统是作为一个整体出现的，是作为一个整体存在于环境中，与环境发生相互作用的，系统的任何组成要素或者局部都不能离开整体去研究	涌现性：系统的各个部分组成一个整体之后，会产生整体具有而各个部分原来没有的功能
	相关性：系统内部的要素与要素之间、要素与系统之间、系统与其环境之间存在着联系	

图 2-3　系统属性示意

技术系统与工程系统的区别。技术是为实现某种目的而应用科学知识的活动，重点在于实现，而工程活动则是通过集成多种技术，尽可能经济、可靠以及容易地实现某个目的，重点在于集成以及经济、可靠和容易（姚威，《工程师创新手册》）。

作为一个系统，必须包括其要素的集合与关系的集合，两者缺一不可。两者结合起来，才能决定一个系统的具体结构与特定功能。

系统的范围或规模是由研究问题的需要决定的，所要研究的问题确定下来后，系统的范围也就初步确定下来了。系统会表现出一定的功能和行为，根据其功能，又使系统具有了特定的结构，不同的系统有不同的功能，不同的功能又使系统有不同的结构。

在工程技术系统中，功能主要按照性能来分类，按照组件或元素在系统中起的作用的好坏，功能可分为有用的功能和有害的功能。如果功能是我们所期望的，就是有用的功能；与我们的期望相反的功能，就是有害的功能。

有用的功能根据其性能水平的不同，可以细分为正常的功能、不足的功能和过量的功能。

正常的功能是指系统的有用功能的水平达到了我们的期望，与我们的期望相符。

不足的功能是指系统的有用功能的水平低于我们的期望值。

过量的功能是指系统的有用功能的水平高于我们的期望值。

例如，空调的一个很重要的功能是制造冷空气。人的体感温度在 20℃～25℃是比较舒服的。在夏天的时候，室外温度达到了 35℃以上，如果用空调制冷后，室内空气的温度达到了舒适体感温度，则我们说空调制冷空气这个功能是正常的。如果空调已经制冷，但制冷后的温度只能达到 34℃，虽然与我们的期望方向一致，但没有达到所期望的水平，所以我们说空调制冷空气的功能是不足的。而如果制冷后的温度太低，比如说达到了 0℃以下，已经超出了我们的期望，则这个功能就是过量的。

根据其作用对象的不同，功能可以分为基本功能、附加功能、辅助功能。

基本功能是指功能的对象是系统的目标。

附加功能是指功能的对象是超系统的组件，但不是目标。

辅助功能是指功能的对象是系统中的其他组件。

例如，由于电饭煲的主要功能是加热米饭，因此米饭就是电饭煲这个系统的目标。对目标的功能就是基本功能。因此，内胆加热米饭是基本功能，内胆盛装米饭也是基本功能。蒸煮米饭的过程中会产生蒸汽，而蒸汽并不是系统组件，而是超系统组件，所以作用于蒸汽的功能就是附加功能，比如锅盖挡住蒸汽是附加功能。内胆是系统组件，对内胆的功能就是辅助功能，比如，电热盘加热内胆就是辅助功能。

在商业组织中，主要考虑人与人之间的关系，将功能一词用关系代替，分为有用的关系、正面的关系、负面的关系（有害关系、不足关系、多余关系、缺失关系）。

例如，顾客对供应商的正面关系，如购买产品后，按时支付货款，负面关系就是延迟付款。供应商对顾客的正面关系，如顾客付款后，及时确认付款，负面关系就是延迟确认。

2.2 系统性创新设计思维流程

整个系统性创新设计思维流程（见图 2-4）以人为核心，人可以是用户、设计师、经销商等利益相关者。在以人为核心的前提下，最外围是解决问题的一般思维流程，即提出问题、分析问题、解决问题、反思问题。这是多数人的思维共识。在这个一般性的思维共识基础上，引入设计思维流程，即同理心、定义、构思、具化、测试 5 个活动阶段。在设计思维 5 个活动阶段中，还有需求与痛点、对象与目标、矛盾与冲突、创意与灵感、方案与原型 5 个节点。这 5 个节点是每个设计思维活动节点的起点或终点。这样，核心的人、关键节点、活动阶段构成了系统性创新设计思维流程的主要内容。

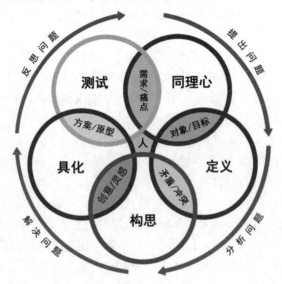

图 2-4 系统性创新设计思维流程

在同理心阶段，用户的需求是同理心洞察的起点，而需要解决的问题对象和目标，则是同理心洞察的结果。

在定义问题阶段，问题对象和目标则是定义问题的起点，通过深入细致的分析，找到制约问题的主要矛盾冲突，则是定义问题阶段的主要结果。

在创意构思阶段，则是以矛盾冲突为起点，通过联想、想象、分析等思维活动，产生精妙的创意、灵感，找到解决用户需求痛点的思路。

在具化阶段，则是以新形成的创意、灵感为起点，用过思维可视化方法、原型塑造方法等，将模糊、抽象的创意具体化、具象化、可视化，使其成为更多的人能理解和接受的文字方案、实物模型、动画视频、海报图片等概念性作品。

在测试阶段，则是将方案、原型展示给提出需求和痛点的用户、客户等利益相关者，接受更广泛的检测、测试、反馈、评估、批评，进而评判设计作品是否达到了用户的需求。如果能为用户接受，则创新设计活动结束。

创新设计活动往往不能一次性成功。如果不能被用户接受，则再次进入系统性创新设计流程，进行第二次、第三次、……、第 N 次的迭代改进，直至满足用户需求。系统性创新设计思维流程是一个持续不断迭代改进的流程。

2.3 同理心洞察与对象目标

同理心洞察是系统性创新流程的第一步。同理心洞察的主要目的是将客户的需求痛点厘清，有条理地描述出来，将其转化为简单明了的对象、目标。在本书中我们假设客户对自己的需求和痛点的描述是模糊不清的。因此，需要用同理心洞察的方法澄清客户的需求和痛点。基于这个假设，在同理心洞察阶段选择了同理心地图、时空 9 宫格、5W1H、简单语言、客户体验等方法实现将客户需求和痛点转化为问题对象和目标。

在同理心洞察阶段，同理心是几种方法使用过程中必须坚持的原则。同理心就是换位思考，就是站在客户的角度思考问题，目的是充分理解客户的需求和痛点。调查的含义比较宽泛，包括现场观察、测量、交流、体验、洞察等，是这些活动的统称。下面是对同理心洞察阶段涉及的同理心、洞察等名词做的一些阐释，便于读者理解其内在逻辑。

2.3.1　同理心的定义

同理心来源于希腊语中的"感受"一词。同理心连接意味着"与别人感同身受"，心胸开阔，站在别人的角度上理解他们的观点，即使只是暂时的（简·马兰茨·康纳《非暴力沟通》）。同理心的定义就是"理解并体会他人感受"的能力。同理心又被称为共情，需要我们暂时进入对方的内心世界，不带任何评价地去感受对方的感受和经验。同理心和共情力能帮助我们建立洞察力，能让我们通过别人的眼睛看世界、通过别人的经历理解世界、通过别人的情绪感知世界。正如美国经济学家杰里米·里夫金所说，在我们的日常互动中，同理心占据了很重要的位置，因为那是我们的核心属性。同理心是我们创造社会生活和文明进步的工具（《非暴力沟通》）。

2.3.2　同理心的对象

人类同理心的对象不仅是人类本身，还包括动物、植物、生态环境及宇宙万物。人类从早期在被母亲抚养的过程中获得了共情的能力，之后又把这种能力迁移到人类以外的事物中去，让同理心的对象范围不断扩大。这使得我们在面对人、物、环境等多种对象时，仍能运用同理心进行思考，实现前文中提到的涉及多元对象的复杂创新。

在一般情况下，同理心是一个心理学的概念，主要指人与人之间的相互理解，如对客户的理解、对客户需求的理解。在此基础上，我们将同理心的概念进行外延，引入工程伦理的概念，如在青藏铁路的建设中，对藏羚羊的保护措施、对可可西里湿地的保护措施，都是在工程伦理概念下，对动物、对环境的同理心的应用。第三，是对"物"的同理心，当我们面对一辆汽车、一块石头时，也可以用"同理心"的思想，去理解这些事物本身的规律，也会获得一种同理心的状态，从而达到与"物"的同理，理解物理，从而更好地解决问题。

读过《昆虫记》的人一定会对书中各类昆虫生活习性的细致描写感到惊讶。如果不是作者站在昆虫的视角，长年在塞利尼昂的荒石园里全身心地投入各种观察和实验，享受与昆虫的"对话"与"互动"，理解它们生活习性背后的生存智慧，就没有这部伟大的著作，也没有动物心理学的诞生（叶鸿羽，《共情力与同理心》）。

此外，中国古代诗人还常常与山水共情，辛弃疾的"我见青山多妩媚，料青山见我应如是"，李白的"相看两不厌，只有敬亭山"，将山水拟人化，从而产生了强烈的情感共鸣。其实，每个人都在某种程度上能与自然共情，当我们静下心来待在一片树林中时，我们会感受到微风、树木的动静，还能闻到草木的味道，一切好像都是静止的，但同时也充满了活力。我们越安静，越能捕捉到大自然的变化。

山水本无情，而人却可以与之共情，这就是更广义的同理心了。正因具有同理万物的能力，我们才有了解决复杂创新问题的可能。在本书中，同理心有三个方面的含义：与人的同理；与动植物等有生命体，如猫、狗、树木等的同理；以及与无生命体，如岩石、机器等的同理。在阅读时应结合具体语境进行理解。

2.3.3　同理心与换位思考

换位思考是一种同理心的通俗表达，能促使我们不再将人看作试验用的小白鼠或者标准偏差。一位设计师如果仅仅根据自己的标准和要求来设计，就会错失很多机会。30岁的男人和60岁的女人，他们的生活经历不一样。城市里的孩子和农村的孩子对一碗米饭的看法也会不同。通过换位思考建立起洞察力。换位思考是通过别人的眼睛看世界、通过别人的经历理解世界、通过别人的情绪感知世界的一种努力。

如作为老师都有过这样的经历：学生发来的设计文档命名为课程设计文档.doc，这样的命名方式，从学生的角度来看这个文档就是他的设计文档，但从老师的角度来看，这种命名方式不能提供有用的信息以识别是哪位学生的文档。这就是从自身的角度看问题的表现。我们需要的是从内部（自身）视角转换到外部（他人）视角看问题，比较好的命名方式是姓名+学号+文件名称。这样，老师就会易于识别信息，心理感受也会好很多。反过来，老师也要避免内部视角带来的"知识的认知偏差",一个人在与其他人交流时,会下意识地假设对方拥有理解所需要的背景知识。这种偏差会导致沟通者无法意识到自己的信息传递不够清晰,因为他们已经把相关概念和信息固化在自己的脑海里,并忽略了其他人可能没有掌握相同知识的现实情况。所以老师也要从学生的角度看问题,作为学生,第一次做此事,还没有足够的经验,老师应给予足够的理解(换位思考)并指导学生。

我们都有过这样的经历:第一次到达从未到过的城市;第一次为年迈的父母购买生活辅助设施;第一次品尝不熟悉的食物;等等。在这种情况下,我们会以一种极高的敏锐度看待这些事情,因为我们对这些事情不熟悉,它们还没有变成使日常生活变得容易应对的常规。

蒂姆·布朗在《设计改变一切》一书中,将换位思考(观察与洞察)分为四个阶段。第一个阶段的换位思考(功能层面)是在显而易见的层面上,我们了解到客户所处的实际环境:我们看到他们所看到的、触摸他们所触摸的。如医院急诊室、课堂的教室里,都是紧张的地方,在那里人们得不到任何提示,不知道正在发生什么;我们感觉到了拥挤的空间和狭窄的走廊,并注意到预先计划好的和及时做出的互动会随时发生。或许我们会说,急诊室或教室是根据专业人员需求,而不是根据患者或学生的舒适度而设计的,这样的设计也许不无道理。看起来好像无关紧要的细节积累起来之后,就会带来新的洞察。

第二个阶段的换位思考(认知层面)是亲自感受患者或者学生的经历,设计团队会获得重要线索,有助于将洞察转化为机会。患者或学生是如何理解他们所处的境况的?初次就诊的人是如何搞清楚这个实体和社会空间的?是什么让他们感到困惑?这些问题对认清所谓的"潜在问题"至关重要,这些潜在需求可能很强烈,但人们却无法清楚地表达出来。通过与前往急诊室的患者或前往教室的学生的换位思考,我们可以更好地设想出如何改善用户体验。有时我们用这些洞察凸现新方法。在另外一些情况下,采用普通或更熟悉的方式更为合理。

第三个层面的换位思考(情感层面)超越了功能和认知的层面,当我们开始理解什么样的想法会引起人们强烈的情感反应时,这个层面就开始发挥作用了。在这个层面,对情感的理解更为重要。目标人群的感受如何?什么会打动他们?什么可以推动他们?"情感理解"可以帮助企业将顾客变为支持者,而非对手。"情感理解"可以帮助教师将学生转变为共同学习者,而非对立者。

第四个层面的换位思考(设计共同体)是把针对个人的换位思考延伸开来,使其产生集体效应。设计者和客户合作,共同创造出满足社会需要的新产品。创造者、设计者、客户之间的界限变得模糊起来,使所有人都认为自己是创造过程的积极参与者。创造者和消费者相互理解,在同一空间中相互交流、研讨,共同创造新的产品。在学校中，教师和学生能否在这个层面上合作，共同学习呢？

概括来说，功能层面的观察是从事物、现象、问题的表面进行观察，得到对现象是什么的理解。认知层面的观察是从客户的角度，理解现象怎么样，现象是如何影响客户的行为和生活的。情感层面的观察则是从好奇心、兴趣的角度，理解事情为什么会发生，为什么会让客户产生相应情绪。教室和急诊室有着异曲同工的效果。共同体层面的观察则是求同存异，找到所有人的最大公约数，基于共同的愿景，共同启动，共同创造。换位思考更加注重真正意义上的理解、尊重和沟通，这使得它成为解决问题、提高合作效率的有力工具。

2.3.4 洞察需求盲点

系统性创新的核心是人，因此要将人放在首位。同理心洞察是帮助人们明确表达那些甚至连他们自己都不知道的潜在需求，这正是创新设计师面临的挑战。洞察力、观察力和换位思考的能力是设计师的核心能力。蒂姆·布朗在《设计改变一切》一书中，对此进行了阐述，摘录如下。

洞察力是创新设计思维的关键能力之一。通常它并非来自那些成堆的定量数据，因为这些数据只能精确测量我们已拥有的东西，告诉我们那些我们已经知道的东西。一个更好的入手点是走进这个世界，观察上班族、滑板爱好者和护士如何度过他们的每一天，观察他们的真实经历。作为产品的消费者、服务的使用者、大楼的住户或数字界面使用者等普通人，他们恐怕难以告诉我们怎么办。然而，他们的实际行为却能为我们提供宝贵的线索，帮助我们查出那些未被满足的需求，即盲点。

在创新的旅程中，问题的答案并没有在某个地方等着我们去发现，而是隐藏在团队的创造性工作之中。创造性过程产生以前并不存在的想法和概念。这些想法和概念更可能是由观察一个业余木匠的古怪操作或一个机械加工车间里不协调的细节引发的，而不是靠雇用专业顾问或要求统计学意义上的普通人回答问题或填写问卷得来的。

与搜寻靠得住的数据正相反，寻找洞察最容易的地方在于它随处可见，而且是免费的。那就是关注人们没有做过的，倾听人们没有说出来的。仅仅将注意力集中在多数顾客身上，很可能只是对已知的事物进行了确认，而不会带来令人吃惊的新发现。为了打破常规，找到全新的洞察，我们需要关注全新的地带，找到我们的注意力的盲点，在那里找到极端用户——他们的生活方式、思维方式和消费方式都与普通人不一样，例如一个收藏了 1400 个芭比娃娃的收藏者。从观察中提取洞察，并用洞察激发未来产品的创意。

2.3.5 同理心洞察的工具方法

在本书中，主要介绍同理心地图、时空 9 宫格、5W2H、简单语言、客户体验等方法。这些方法都是在同理心原则下，帮助设计师或客户澄清需求和痛点，明确研究的对象和目标。

2.4 定义问题与矛盾冲突

定义问题是系统性创新方法的第二步。定义问题是从已经确定的问题对象和目标开始，采用利益相关者地图、资源分析 9 宫格、系统功能分析、因果链分析等方法，透过问题的表象分析问题的实质矛盾。由于问题对象性质的不同，如果以人为研究对象，这些矛盾冲突最终可能是关于人的心理矛盾、行为矛盾和管理矛盾。如果以事物为研究对象，这些矛盾冲突最终可能是物理矛盾（包括数学的、化学的）和技术矛盾。

定义问题的主要含义是将模糊的、抽象的对象和目标清晰化，如明确对象主题的边界条件、初始条件和限制条件等。定义问题就是不断地明确限制条件的过程、揭露问题实质矛盾的过程，这是一个不断收敛的过程。在定义问题阶段有以下过程。

2.4.1 设定主题

设定主题就是明确问题的研究对象。如研究对象是人还是物，是老年人还是汽车。在给定主题对象的同时，创新必须做到目标导向。首先建立美好的未来，再从未来往回倒推，需要哪些新技术，需要什么样的工具，需要多少人力物力，存在哪些瓶颈，然后找到解决方案。在创新设计的过程中，最重要的环节是设定主题。主题就是需要解决的问题或者需要设计的产品。只有设定正确的主题，才能表达真正的意图和思想，才能使整个过程更顺畅，使结果更合理。主题就是我们设计的目标和方向。在着手解决问题之前要明确问题的正确性，杜绝方向性错误。《战国策》中"南辕北辙"的故事，就是在讲，无论做什么事，方向错了，有利条件也会起反作用。

设定合适的主题是解决问题的第一步，赵敏在《TRIZ 进阶及实战》一书中总结了设定主题需要注意的要点，具体如下。

1. 找到合适的主题或者挑战

寻找问题比解决问题更困难。寻找问题需要发现是什么原因引起了问题，或者需要解决什么样的问题。在定义问题阶段的一个障碍就是解决了错误的问题或错误地解决了问题。有的问题没有经过系统的思考就被想当然地认定为要解决的问题，在项目进行中才发现问题难以解决，有一些非常聪明的解决方案却巧妙地解决了另外一个问题，而非最初的问题，同样达到了目标。有的项目在技术方面取得了突破，但由于解决的是客户并不关心的问题，所以并没有达到目标，从而造成了资源的浪费。

2. 设定明确的主题

设定的主题需要简单明了，大家一看就知道是什么意思，需要设计什么。一般情况下主题设定的格式为"在什么样的条件下，为哪个部门、单位、个人或群体，设计或重新设计一个什么样的解决方案"。简单明了的主题常常是一个问句，让设计师一看就知道要获得什么结果，比如寻找方法、定义内容、探索未来等。

在一般情况下，客户很难给出主题，我们在和客户沟通的时候，要问他们最紧迫、最棘手、最希望解决的问题是什么，对背景做充分的了解，然后制订要讨论的主题。如果客户不知道如何定义，可以采用抛砖引玉的方式给客户展示一些以前做过的范例供客户参考，也可以到客户处考察，发现问题，再设定主题。

3. 主题不能太宽泛也不能太狭窄

在设定主题的时候，一定要遵循主题既不能太宽泛也不能太狭窄的原则。在宽泛的主题下，设计师往往找不到明确的思路，很难在有限的时间内完成设计任务，也难以产生合适的想法和解决方案。太狭窄的主题没有足够的空间进行思考，不能很好地反映讨论的整体性。机会空间被限定得过窄，真正探索问题的机会就会受到一定的限制。

4. 提出了一个已经解决了的问题

问题定义阶段的第二个障碍是重复地解决问题。设计师遇到的某个技术难题对于这个设计师来说可能是一个新问题，但对于其他工程师来说可能已经有了不错的解决方案。或许这个技术问题对于某个企业的研发人员来说是一个新问题，但对于其他企业来说，可能已经有了成熟的解决方案。某个行业内的新问题，在其他行业中可能被碰到过，而且已经有了解决方案，也就是说它已经不是一个新问题了。但由于知识面的局限性，设计师们并不知道其他领域已经存在的解决方案，所以不能很好地将其他领域的解决方案移植过来，从而导致研发效率低下。

5. 提出一个"伪问题"

提出一个"伪问题"，如"发明太空钢笔"（或"无人探月器的灯泡"）等。这样的问题并非真正的问题，而是在信息不完整、不对称的情况下做出的主观判断，真正的问题本身往往有待于发掘和重新定义，在经过严谨分析和重新定义后，往往另有更实用的解决方案。

2.4.2 限制条件

在日常工作中，面对问题时，人们的第一反应通常是急于寻找解决问题的方法，而忽视了定义问题这个环节，定义问题对从根本上解决问题具有重大指导意义。问题定义出现偏差将直接导致其他步骤出现偏差，最终答非所问或解决了错误的问题。

在系统性创新方法中，定义是指定义问题，明确客户需求，实际上是明确需要解决的问题的方向、范围、目标，这样说来可能会更清晰一些。在定义问题时理解客户的需求，将其转变为心理学、生理学、物理学、伦理学、社会学等方面的矛盾或冲突。

然而，由于设计师知识背景的局限性，对客户问题的理解会有很大的不同。例如，如何去除衣服上的静电问题，理工科背景的人可能会选择用物理学的知识定义问题，文科背景的人可能会考虑不穿这类衣服，或者戴手套。

在定义问题阶段，将客户具体的需求转变为功能、产品。会因为设计师的知识背景不同而导致问题的目标产生不同，尤为严重的是偏离客户的需求，所以需要时时回顾和反思客户的需求，也就是明确目标。

在绪论中已经对问题做了简要的阐述，这里再进一步解释一下。问题指的是实际现状和所期望达成的结果、要求和目标之间的差距（见图 2-5）。然而，由于不同的人在看待同一现象时所持的标准不同，对问题的认知也会不同。因此，更确切地说，问题是现状和目标标准之间的差距。标准是什么？标准是用以评价和衡量一件事物的参照。只有准确地定义了标准，也就是准确定义真实的、本质的需要和期望，才能真正地识别问题。标准源于事物的自然规律（技术）以及人们的观念、利益和行为，这是定义标准的四大基础要素。每个人的知识、观念、利益和行为习惯等的差异会导致不同的人在面对同一事物和现象时，对问题的认识也不同（盲人摸象），甚至会产生完全相反的认识。

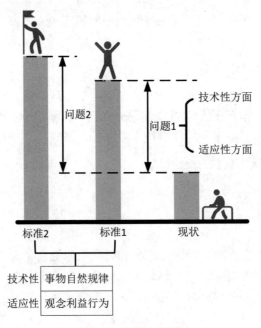

图 2-5 问题与标准

定义问题标准的四个要素中，事物发展的客观规律是技术层面的，而人的观念、利益和行为习惯则与人的适应性有关。因此，问题可以分为技术性问题和适应性问题（罗纳德·海菲兹《没有容易答案的领导力》）。同样，一个问题也包含技术性方面和适应性方面（见图 2-6）。

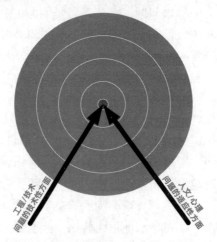

图 2-6 问题的两种类型

例如，一项新技术在从发明到推广应用的过程中，对技术本身性能的提升和完善即问题的技术性方面，而新技术的推广应用会受到人们对新技术接受的程度、使用习惯、转换成本等因素的影响，这就是问题的适应性方面。随着科学技术的进步和人们对事物发展规律认知能力的提高，技术性问题和适应性问题之间可以相互转换（见表 2-3）。比如，在日常生活中，我们遇到的多数是技术性问题，需要从技术性方面入手解决。但是，当我们确定了所有的技术解决方案和措施后，如果执行效果并不如预期，主要原因就是新技术方案改变了行动者和相关方的利益或行为习惯等，产生了新的适应性问题，从而导致执行上出现偏差。因此，在解决问题时，必须同时考虑问题的技术性和适应性两个方面。

表 2-3　技术性问题与适应性问题

技术性问题	适应性问题
源于事物发展的自然规律	源于人们的观念、利益和行为习惯与规定和要求之间的差异或冲突
例：科学技术难题、产品质量问题、设备问题等	例：行为习惯的改变、管理变革、社会变革、人权问题、战争等
运用现有的专业技术 对问题有很清晰的理解和定义，且解决方案也明确时，可归为技术性问题	学习新的方式 技术性问题本身和解决方案不清晰时，人的知识、观念还无法理解和认知此类问题，可归为适应性问题

例如，车抛锚了，你去找汽车修理工，大多数情况下都能修好车。但是，如果车抛锚是因为你的家人开车方式不当，那么这个问题很可能再次发生。当然，汽修工也可能再次把车修好。但是，如果继续把这个问题当作汽修工能解决的纯技术性问题来处理，那么家人最后可能就会躲避潜在的、需要做出适应性努力的问题，比如劝说家人规范开车。

再看另外一个例子：日本一家公司推出了一款新型的电饭煲，这种电饭煲可以让人们更轻松地煮饭，并且口感、味道等都比用传统方式做的更好。为了宣传这款电饭煲，该公司采用了"做饭更快"的广告语，广告展示了使用这款电饭煲可以更快地烹饪出美味的米饭。然而，市场销售却并不理想，技术部门认为产品的性能还有改进的余地，因此只研究如何提高产品的性能。但是，这些改进并没有引起消费者的兴趣，销售情况也没有改善。公司管理者非常困惑，请来营销专家分析原因，发现女性消费者不想购买这款电饭煲的原因是担心被认为是"懒惰的人"，因此不想让自己的形象和声誉受到损害。针对这个问题，公司管理者进行了深入的调研并最终成功找到了解决方案。他们将广告语从"做饭更快"改为"给家人更健康的饭"，并强调电饭煲的新技术可以保持大米的营养成分，为家人提供更健康的饮食。结果人们就纷纷选择了购买，因为这个时候主妇的形象变成了一个为家人着想的人。这种广告策略立刻获得了消费者的认可，销售量大幅增加。这个案例表明，电饭煲作为当时的一项新技术从制造到推广应用的过程中，技术部门对产品本身性能的提升和完善是问题的技术性因素，而这项新产品的推广应用则会受到使用者对新技术接受的程度、行为习惯、观念转变等的影响，这就是问题的适应性因素。因此，不仅要考虑产品性能和品质（技术性因素），还需要考虑消费者的心理和文化背景（适应性因素），并据此调整营销策略，以满足消费者的需求和期望，真正达到公司的目标。

在问题定义阶段，能够把问题说清楚是一件困难的事。绝大部分的问题都是含糊不清的，或者是叙述的逻辑有问题，或者是无法判定最终要解决的问题是什么。所以，在问题定义阶段，往往需要反复讨论、追述多次，才能把问题说清楚。赵敏在《TRIZ 进阶及实战》中总结其原因，主要有以下几点。

（1）第一是习惯不好，没有记录知识的习惯，到用时又想不起来。第二是没有记录问题的习惯，只大概记得有这个问题，具体的问题不记得。第三是不知道怎么用书面的形式提出问题，或书面表述不清。第四是内心认为这个问题不值得用书面的形式提出来。第五是这个问题是否适合在这个场合用书面的形式提出来。第六是保密的问题，有的是国家机密，有的是商业秘密。第七是这个问题提出来可能就透露了该公司或单位的能力水平。

（2）懒得写和没有从根本上系统地去思考这个问题的根本原因和解决方案。简单解决了就完了，五个 why 等分析问题的方法，都只是知道，但从来没有用过。

（3）造成书面问题比口头问题更难的原因有两个。第一，文字难以表达倾向、感情等潜台词，对于问题的来龙去脉需要做大量描述。第二，语言交流是实时互动的，提问者和被问者随时能够修正自己的意思，而书面描述没有可修正的机会，所以必须以绝对无误的描述引导被问者理解，这个篇幅就大了不少。

（4）提不出一个真实的、合适的问题，是技术人员的通病。一是较多技术人员只关注技术本身，但表达能力不强；二是问题本身对此人员是个不能再熟的事，了然于胸，表达时思维跳跃，自认为说明白了，其实听的人却不明白。

能通过合理的分析提出一个好的、真实的、合适的问题，相当于问题解决了一半。在任何企业或科研院所里，技术问题都是客观存在的，在产品创意、研发、批产、物流、销售、使用、报废等过程中，处处都会有问题，时时都可能发生问题。技术人员天天需要与之打交道，几乎每天都被问题所困扰。按常理，技术人员应该对问题本身非常熟悉，应该能够比较清楚地陈述问题。但实际情况却完全不是这样的。为什么技术人员难以清晰地描述一个问题呢？

提出问题难，难在不能准确地定义问题。这里主要有以下几个方面的问题：

首先，在工作中，人们往往明显感觉到问题的存在，但是往往又缺乏认真的观察，即对问题的现象、特征没有仔细地进行观察。

其次，如果没有认真地观察，自然也就缺乏真实有效的问题记录，即对问题发生的多方面情况（如发生问题的现象、时间、地点、影响范围等）没有翔实地监测与记录。

再者，没有对问题进行有效的思考，当然也无法从看得到的问题现象深入揭示问题的实质。

即使做到了以上三点，也未必就对问题有了清晰的认识。因为上面的思考只是一种基于一般技术思维的思考，还不是基于创新思维的思考。因此在揭示问题的实质上，还会有层次上的差异。

例如，当一个电子设备局部发生了过热的现象，一般的技术思考是电流过大，线路短路，或者冷却系统出了问题。而基于创新思维的思考则不同，除了会考虑以上因素，还会对产生过热的原因，即从相互作用的本质上去思考，如电子设备基本元器件的属性是什么，怎么引发的相互作用，引发过热的原因是什么，是过载所致，是放电所致，还是摩擦所致，还是其他作用所致。针对这个电子设备局部过热现象，如果能够回答下面的 5W1H 问题，那么可以看作是对问题做了较好的定义和描述。

什么（what）——这是一个什么样的问题？有什么样的内容和表现？

何时（when）——问题何时发生？发生多长时间了？何时可以解决？

何处（where）——问题发生在哪里？影响范围有多大？

谁（who）——是哪个设备的哪个零部件出了问题？这个问题会影响到谁？

为什么（why）——为什么发生这样的问题？为什么无法阻止发生这样的问题？

如何（how）——这些问题是如何产生的？如何消除当前问题？以后如何不再产生类似问题？

2.4.3 确定目标

定义问题的实质是划定问题的范围，找到问题的主要矛盾，确定解决问题的目标。这里的目标有两方面含义，一方面是客户的目标，如"需要一台更好的洗衣机"；另一方面，设计师需要考虑这个需求背后的矛盾和冲突，这是需要解决的问题的目标。也就是在客户需求的基础上做进一步的分析：客户需要一台"更好"的洗衣机的目的是什么？如没有噪声的洗衣机，可以自动烘干的洗衣机，更好看的洗衣机，等等。这些深层次的目标可能是心理矛盾，也可能是物理矛盾。这些矛盾才是设计师需要解决的关键问题。

定义问题阶段是在限制条件下，不断地分析问题，重新定义问题的边界的过程。对于确定的问题，首先需要确定是从社会系统的角度还是从工程系统的角度解决问题。

系统性创新方法建议，首先从社会系统解决问题，从人的思维、心灵、意志等心理角度寻求问题的解决思路。大致遵循设计事理学的思路，从人的角度解决问题。然后是从工程技术的角度，从器物产品的结构、形状、属性、功能等物理角度寻求解决问题的思路。大致可以遵循 TRIZ 理论中工程技术系统进化规律的原理，从物的角度解决问题。从人的角度和从物的角度解决问题最终都会合于实践活动，所以二者是殊途同归的。

2.4.4 定义问题的工具方法

在本书中，主要介绍利益相关者地图、资源分析 9 宫格、系统功能分析、因果链分析等方法。这些方法可以快速有效地将问题对象和目标转化为关于人或物的矛盾冲突，变成可以解决的具体问题。

2.5 创意构思与最终理想解

创意构思与最终理想解是系统性创新方法的第三步。创意构思的目的就是从矛盾冲突出发，应用试错法、头脑风暴法、剪裁、特性传递、40 个发明原理、物场标准解、科学效应库等方法，去想象、联想、构思解决问题的创意、灵感、思路、理想解。

创意构思的过程是在深刻洞察、问题定义的基础上，整合所有信息的过程，是一个发散-收敛反复循环迭代的过程，找到所有人（利益相关者）的最大公约数的过程。创意构思的过程是从每个可能的源头收集灵感，把灵感转变成想法，把想法变成原型的过程。需求-目标-灵感-想法-原型这 5 个关键节点在创新思维管道中不停地流动、循环、发散、收敛，有序、无序地变动。就像沸腾的火锅、香甜的八宝粥、东北乱炖，从最初一堆无序、散乱的食物，在炉火的烹煮下，变成美味的佳肴。中国菜肴形象的类比中蕴含着创意构思的深刻哲理。

创意构思的过程大致经历明确目标、收集发散的数据信息、信息整理酝酿、突变结晶（数据沸腾）、协同突变、结晶生成和原型初现等更加细致的思维阶段。

2.5.1　创意构思的思维过程

构思是指结合客户需求和定义的目标，通过思考、想象、联想等丰富的思维活动，将矛盾冲突解构、重构，找到解决矛盾的灵感、创意，进而形成解决问题的思路或方法。

蒂姆·布朗在《设计改变一切》一书中，描述了创意在构思过程中大致的状态变化，摘录如下。

当新组建的团队实地收集信息时，团队成员充满了乐观的情绪。整合阶段（整理数据和寻找规律阶段）可能会让人产生挫败感，因为重大决定似乎建立在最没有根据的预感上（系统的慢变量开始发挥作用）。这是一个突变和转折阶段。然后事情就开始走上正轨，思维过程变得明晰起来，而且新想法也开始形成。模糊的灵感逐渐结晶成可感知、可描述的想法，灵感逐渐结晶析出，清晰可见。当设计团队开始制作模型时，整个过程达到顶点。就算模型看起来不怎么好，运作得不怎么顺利，或者是有太多或太少的特征，至少它们是看得见、摸得着的具体进展。最终，一旦在最适合的想法上达成共识，项目团队就会安下心来进入实质的乐观状态。这种状态时不时还会被极度恐慌所打断，令人惊慌的小插曲不会彻底消失，但是经验丰富的设计师知道会遇到什么，而且不会被偶尔的情绪波动所干扰。

设计思维极少会从一种状态优雅地跃向另一种状态。设计思维会测试我们的情绪敏感素质，会挑战我们的合作技能，但是它也会以显著的成果回报我们坚持不懈的努力。

体验设计思维就是在需求、灵感、想法、原型四种状态之间起伏跌宕。从发散到收敛，从收敛到发散，从分析到综合，从综合到分析，设计思维不断地来回舞动。综合以上观点，从大量原始数据中总结出有意义模式的过程，从根本上来说是一项创造性的活动。一旦原始资料被整合到前后一致、令人鼓舞的叙事中，更高层次的整合就开始发挥作用了。

在发散过程和收敛过程之间的变动、在分析过程与综合过程之间的变动，说明了创意的不稳定性，还需要用实验、实践、行动将其可视化、物化、固化。我们要用实验的方法进行设计，进入原型创造阶段。

2.5.2　创意激发器

创意的产生需要外界刺激的激发，已经确定的矛盾、最终理想解等就是创意的起点，但由于问题难度或复杂程度的不同，还需要一些创意激发器来促进创意的产生、结晶、可视化，进而提出解决问题的概念方案。

我们将能够激发创意的单元或系统称为创意激发器。单元型创意激发器主要由单一元素或事件激发设计师的思考，从而产生新创意，如概念提取、随机词、思维导图、圆圈 635 法、讲故事、双气泡、旧元素新组合等方法。系统型创意激发器主要由一系列单元型创意触发器组成的整体来激发设计师的创意。如 40 个发明原理、76 个物场标准解、N 个科学效应等都可以成为头脑风暴的系统性创意激发器，其中的每个概念都是大脑创意的激发点。头脑风暴和这些激发器的结合将会提高创意构思的效果和效率。

2.5.3　自由想象与逻辑推理

在构思创意的过程中，设计事理学强调的是自由想象、发散思维，以寻找新颖的创意灵感。TRIZ 理论却给出用逻辑推理的方式寻找新颖创意灵感的方法。这是本书中略具争议的地方。不同的人产生创意、思路的过程是不同的。有的人长于自由想象，有的人长于理性分析。本章提供的方法中，试错法、头脑风暴法就是偏于自由想象的方法；剪裁、特性传递、40 个发明原理、物场标准解、科学效应库是偏于理性分析的方法。这是一次探索和尝试——将自由想象和逻辑推理融于创新思维实践的一次尝试。

2.5.4　创意构思的工具方法

在本书中，主要介绍试错法、头脑风暴、剪裁、功能导向搜索、特性传递、40 个发明原理、物场标准解、科学效应库等，这些方法的主要作用是辅助设计师将矛盾冲突解构和重构，进而生成解决问题的创意和灵感。

2.6　具化结晶与原型塑造

创意具化是系统性创新流程的第四步。在具化阶段，以新形成的创意、理想解为起点，用思维可视化方法、原型塑造方法等，将模糊、抽象的创意具体化、具象化、可视化，使其成为能为更多的人理解并接受的文字方案、实物模型、动画视频、海报图片等概念性作品。

2.6.1　具化结晶的及时性

在寻找创意的过程中，无论何时，真正的灵感都不会在你预想的地方出现，所以在构思创意时应随时注意那些和你内心深处的意图契合的机会可能会出现的地方。机会出现时，一定要立即采取行动。创意的出现首先表现为一种感觉，然后是一种模糊的感悟，似乎自己正在被引向某处。与其说是一种为什么，倒不如说是一种是什么的感知。你受到感召去做某事，但说不清楚具体的原因。只有当你实际运用双手和心灵的智慧的时候，你的大脑才开始知道为什么。觉察到这种感觉，觉察受到感召，融入那个空间，从当下开始行动，使生成的新事物结晶，为新事物塑造原型，并将其变成现实。这时，就需要设计师借助各种思维工具，及时快速地将转瞬即逝的灵感捕捉到，并具体化、可视化。

原型塑造是创意具化的另一种表达。原型塑造的过程是一个实验、实践的过程，是将抽象的创意用语言、文字、图形、符号、声音、视频、实物等形式尽快可视化、物化、固化、具体化的过程，使其形象地展现给客户，让客户等利益相关方确认是否能满足其需求。原型的目的是将创意快速可视化，使其体现客户的需求，体现设计师的创造性工作。

原型的价值不在于精细，而在于快速。在软件行业有个 0.8 法则。模型制作除了能加快项目进度，还能允许同时探索多个想法。早期的模型应该是快速、粗糙且便宜的。对一个想法投入的越多，人们就越难放弃这个想法。虽然看起来好像把时间消磨在简图、模型、模拟上会延缓工作进度，但是通过模型制作能更快地得出结果。多数值得考虑的问题都很复杂，而且进行一些早期实验，经常是面对不同选择时做出决定的最好办法。越快明确我们的想法，越能早评估和改进这些想法，并把注意力集中到最佳方案上。

2.6.2　原型塑造的原则与策略

原型塑造的过程是一个创造的过程，是用实物、工具将抽象的创意表达出来的过程。产品设计师可以用便宜和易于操作的材料：硬纸板、冲浪板泡沫塑料、木头以及随处可见的物品和材料，即任何可以粘、贴或钉在一起的东西制作想象中的实体近似物。此时，对设计者的动手能力、实践能力是一个重要的考验，可能采用的操作有用裁纸刀裁剪硬纸板、用木锯锯断一张木板、用电钻在钢板上打个洞、用 3D 打印机打印创意模型、用激光切割机切割有机玻璃板等。

在模型上投入的时间、精力和投资只要足以满足获得有用的反馈并推动想法前进就可以了。复杂度和花费金额越高，模型看起来越像成品，制作者就不大可能从建设性反馈中获得有用建议，甚至连这些反馈意见都不愿意听。模型制作的目的不是制造一个能工作的模型，而是赋予想法具体的外形，这样就可以了解这个想法的优点和缺点，并找到新方向来搭建更详细、更精密的下一代模型。

我们应当限定模型的设计和制作范围。制作早期模型的目的也许是了解某个想法是否有功能上的价值。最终，设计师需要把模型拿到现实世界中，从最终产品的目标客户那里得到反馈。在这个阶段，才需要关注模型的表面质量，这样，潜在的消费者就不会因为粗糙的边角或没处理好的细节而忽视模型的功能。例如，多数人都很难想象出用硬纸板制作的洗衣机是如何工作的。

2.6.3　将原型塑造拓展到虚拟体验

一般来说，多数想象得到的模型都是实实在在的物品。在设计一项服务、一种虚拟体验，甚至是一种组织架构时，原型塑造的规则同样适用。可以让我们探索、评估某个想法，并将其向前推动的东西，就是模型。抽象的想法都可以通过适当的媒介表达出来，制造成非实际体验的模型，并展示给别人，以获得反思。例如，场景说明是一种讲故事的手法，其用文字和图片描绘未来可能出现的情况或状态。我们可以虚构一个人物，这个人物具备一系列我们感兴趣的要素，然后围绕他的日常生活，设置可信的场景，从而可以观察他如何使用某种电动车或者如何在网上药店买药。

场景说明的另一个重要价值在于，它促使我们将人放在想法的中心，从而防止我们迷失在机械的或美学的细节中。场景说明提醒我们，我们所面对的不是物，而是人与物的相互影响。实际工作中的模型制作可将某个想法具象化，让我们了解这个想法，并将它与其他想法对比，对它进行改进。

在开发新服务中，一种有用而且简单的场景说明方式就是"顾客体验历程图"。用图表画出一个虚拟顾客从服务开始到服务结束所经历的各个阶段。这一历程的起点也许是虚构的，或直接来源于对人们买机票或决定是否在屋顶安装太阳能板等过程的观察。在每种情况下，描述顾客体验历程的价值在于，它阐明了顾客与服务或品牌在什么情况下会发生互动。每一个这样的接触点都指向可能为公司目标顾客提供价值的机会，或者失去这些顾客的原因。

成功的模型不是完美无缺的模型，而是能教会我们某些东西，关于我们的目标、我们的进程以及我们自身的模型。随着项目的推进，模型的数量会减少，而每个模型的精度会提高，但是目的仍然不变，依旧是帮助我们提炼并改进想法。

2.6.4　具化结晶的工具方法

在本书中，主要介绍创意可视化、方案草图、创意视频、纸板原型、3D 模型等创意具化、原型塑造的方法。

2.7　测试反馈与效益评估

测试反馈是系统性创新流程的第五步。测试是设计思维过程中必不可少的一步。这一阶段可能会出现决定性的变更建议，也可能大大提升最终结果的质量，当然这不常见。尤其是那些没有参与原型开发的人，他们在测试中也能更加畅所欲言，会提出全新的视角，他们能够透过顾客或用户的视角看待原型，这能给最终结果带来相当大的价值。

在进行测试时，为了了解用户真正的动机，问"为什么"很重要，即使我们觉得自己已经知道答案。测试访谈中的首要任务是学习，而非解释原因或推销原型。这也是为什么我们不解释原型是如何使用的，而是探问那些潜在客户可能需要原型的故事和情形。只要有可能，就收集和分析定量数据以验证定性结果。

创新过程的最后一步就是评估先前各个阶段获得的解决方案的合理性、可行性。在本章中，选择了理想度审核、进化趋势分析、TRIZ 创新等级评估等理性评估方法。同时，也选择了客户体验、价值评估、概念评估等客户参与式的评估方法。

系统性创新方法强调以人为本的理念，以下对客户体验和想法传播做简要说明，使读者注意到测试反馈的重点是人，要说服客户接受自己的想法和创意。

2.7.1　设计顾客体验

测试是将实物原型展示给客户、展示给利益相关方，接受测试、评价、反馈，在此基础上对原型进行修改和完善。测试的核心是重新检视创意原型是否满足客户需求、是否达到了定义的目的和目标，是否实现了创意的功能。创新被定义为完美执行的好主意。这是个很好的开端，但令人遗憾的是，人们过于注重好主意，而忽视了执行。很多好主意，因为执行得不好，无法获得青睐。其中多数想法从未进入市场，而那些推向市场的，则被丢弃在电器商店或超市仓库中，无人问津。

新产品或新服务会因为各种各样的原因失败，如质量不稳定、市场营销缺乏想象力、物流配送系统不可靠或定价不切实际等。可是，即使采用了恰当的商业技巧和商业策略，执行过程中的问题也可能会让好的想法以失败告终。想法之所以会失败，是因为人们不仅需要产品有可靠的性能，而且产品的各个部分还要组合成一个整体，从而得到完美的使用体验，这远比解决产品功能问题复杂得多。

按照马斯洛需求进化理论，一旦人们的基本需要得到了满足，就倾向于寻找意义或情绪上的满足感。在娱乐、金融、医疗等领域，这些服务本身已经远远超过了人们对基本需求的满足，如好莱坞电影、视频游戏、美味餐厅、继续教育、生态旅游等，这些服务的价值在于它们创造出的情感共鸣。产品设计的需求已经从主要考虑功能转变为主要考虑产品与服务所带来的情感体验。

2.7.2　把想法传播出去

在多数情况下，我们通过讲故事的方式为自己的想法提供一个背景框架，并赋予这些想法意义。在设计思维中，人们讲故事的能力非常重要。当我们在客户体验旅程中设计出多个接触点时，我们其实就是在构建一系列在时间上连续发生且相互关联的事件。故事板、即兴表演、场景说明是许多叙事技巧中的几个，在新想法逐渐露出端倪的过程中，这些技巧有助于把新想法具体化。要想让别人知道某个新想法，这个新想法就必须用令人信服的方式讲述一个有意义的故事。

设计竞赛是传播新想法的有效途径。采取有组织的竞赛形式，参与竞赛的团队需要解决同一个问题。通常某个团队会脱颖而出拔得头筹，其调动的集体的力量和智慧保证每一位参与者都是赢家。

2.7.3　测试反馈的工具方法

在本书中，主要介绍概念评估、客户体验、客户 5E 评估、价值评估、理想度审核、进化趋势评估、创新等级评价等方法。

2.8　从原型到产品

经历上述同理心洞察—定义问题—构思创意—具化原型—测试反馈过程的

反复迭代，我们已经初步创造出满足客户需求的创意原型。在此基础上，还需要专业技术将创意原型加工成技术产品或企业商品。当产品进入市场流通，产生经济价值、社会效益的时候，才代表实现了一个完整的创新过程。

创意原型仅仅是海平面上露出的冰山一角，更复杂的过程还潜藏在海平面之下，还需要更复杂、更专业的知识去解决潜藏的部分。

以房屋建设为例，除房屋的创意原型，还需要结合具体的环境条件、限制条件、已知条件进行岩土工程勘察、房屋设计、建筑施工等环节，一块砖一块砖地垒砌，才能把创意落到实处。

从原型到产品是一个复杂的过程，也是一个长期的过程。例如，我们国家修建的青藏铁路和三峡工程都是经历了几十年的思考、探索和研究，才从原型发展到真正的现实工程，造福社会，造福人类。

第3章 同理洞察与对象目标

本章是系统性创新设计思维流程第一步（见图 3-1），即从用户的需求开始，用同理心的原则进行调查，聆听，测量，观察，描述用户的需求、痛点和问题。通过同理心洞察和分析，找到用户需求和痛点针对的对象、范围和目标。

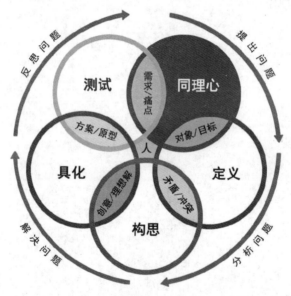

图 3-1　系统性创新设计思维流程第一步：同理心洞察与问题陈述

无论是在工作还是生活中，问题都无处不在，我们每天都会遇到各种问题，需要不断地发现问题、思考问题和解决问题。本书在第 1 章和第 2 章已经详细阐述了问题的概念，包括什么是问题以及问题的两个方面：技术性和适应性。只有明确了问题的本质，才能着手解决问题。解决问题的关键在于定义问题，而要准确地定义问题，首先需要陈述问题。

陈述问题，要清晰准确地描述现状和事实，从而明确问题的当前状态。基于现实现状，才能定义要解决的真正的问题（第 4 章）。本章问题陈述与同理聆听主要介绍陈述问题的方法，在这个过程中，尤其强调用同理心原则去聆听客户、事件和实物中的信息，以求对问题有深刻的理解。主要方法有同理心地图、时空 9 宫格、5W1H、简单语言和客户体验。

3.1　同理心地图

3.1.1　方法概述

同理心地图是由视觉思考公司 XPLANE 开发的工具，它可以帮助我们深入感知他人的想法和感受，他们所说的话、做的事以及受环境影响产生的其他信息。使用同理心地图可以快速有效地获取客户的需求和痛点指向的对象和目标。

同理心地图主要包括 6 个部分，如图 3-2 所示。同理心地图的中心是客户，观察者应以同理心的状态仔细感知、观察、分析、洞察在与客户交流的过程中的所见、所思、所想等各种信息，并将其绘制在一张图纸上。

图 3-2　同理心地图

3.1.2　使用说明

同理心地图的优势如下。

第一，规则简单，仅通过白纸或便利贴就可以完成，是一种常用的发现问题的工具。

第二，可以帮助我们全面地分析问题，从 6 个维度全面体会他人的所听、所说、所思、所感，能让我们暂时进入他人内心。

第三，避免了主观评价。我们在使用同理心地图时，一直站在他人角度思考，因此一切来自"我"的主观评价都被挡在了外面。这一点非常重要，例如，"我"觉得这款手机功能太少，很不方便，但老年人也许觉得这正是他们想要的——功能少，易操作。如果要为老年人设计手机，"我"的意见就不需要被采纳，老年人的想法才最重要。

该方法摘录自朱洁的《创新能力训练》。

3.1.3 使用步骤

在使用同理心地图时，首先是在白纸上画出同理心地图的 6 个板块。然后，站在用户的立场回答以下六个问题。

（1）他看到了什么？（叙述他在他的环境中看到的事物）

（2）他听到了什么？（叙述他的朋友说了什么，他的家人说了什么，周围的人说了什么）

（3）他说了什么和做了什么？（叙述他说的话和做的事）

（4）他心里真实的想法和感受是什么？（揣摩他内心的想法，即他最在乎的是什么，他关注的是什么，他的感受是什么）

（5）他的痛点是什么？（所谓痛点，就是他的恐惧、挫折、担忧和阻碍）

（6）他的渴望是什么？（描述他真正的渴望、需求、梦想或愿望）

把你的每一个回答都写在便利贴上，如果你对同一个问题有几个答案，就写几张便利贴。把便利贴贴到同理心地图对应的板块上。

然后，观察同理心地图，发现板块上不同便利贴之间的相关性和矛盾点，找到关联性和矛盾点背后隐藏的需要被解决的问题。

在用同理心地图了解目标人群之后，我们需要用下面的句子明确定义他们的问题。

（1）我们如何帮助＿＿＿＿＿＿＿＿（目标用户）达成＿＿＿＿＿＿＿＿（目标）？

（2）＿＿＿＿＿＿＿＿（目标用户）需要一种＿＿＿＿＿＿＿方式（愿望）去＿＿＿＿＿＿＿＿（目标），因为＿＿＿＿＿＿＿＿＿（你的洞察）。

（3）作为一个 ＿＿＿＿＿＿＿＿（目标用户），我想要＿＿＿＿＿＿＿＿（目的、行动、希望），主要是为了获得＿＿＿＿＿＿（益处）。

例如对于不习惯去食堂吃早餐的大学生，我们可以这样定义问题：

（1）我们如何帮助<u>不习惯去食堂吃早餐的大学生</u>（目标用户）<u>补充足够的营养</u>（目标）？

（2）<u>不习惯去食堂吃早餐的大学生</u>（目标用户）需要一种<u>快捷高效的</u>方式（愿望）去吃早餐，因为晚睡导致早起困难。

（3）作为一个<u>早起困难户</u>（目标用户），我想要<u>简单高效地吃早餐</u>（目的、行动、希望），主要是为了获得<u>更多的睡眠时间</u>（益处）。

3.1.4　应用实例

1. 同理心原则应用于人

图 3-3、图 3-4 是学生绘制的同理心地图。通过同理心地图，两组同学分别获得了各自小组对问题的图像化的认识和理解，明确了问题的对象和目标。

图 3-3　学生小组的同理心地图（1）

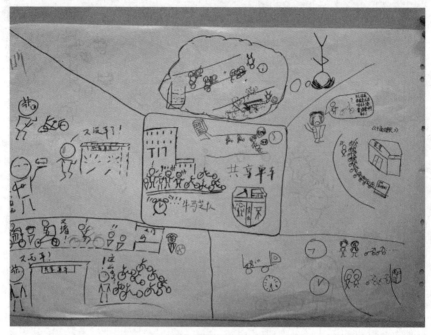

图 3-4 学生小组的同理心地图（2）

2．同理心原则应用于动植物

在青藏铁路建设中，在羌塘、可可西里等环境保护区，由于修建青藏铁路阻断了藏羚羊的迁徙通道。为此，铁路部门向藏羚羊研究专家学习，了解藏羚羊的迁徙习性和规律。在深入了解藏羚羊的迁徙习性的基础上，在藏羚羊生活区的青藏铁路和藏羚羊迁徙通道交汇处，专门设置了藏羚羊迁徙通道，实现了藏羚羊等野生动物和青藏铁路的和谐共处。

在这个案例中，青藏铁路建设者将同理心原理应用到了藏羚羊身上，这是一种环境伦理，是对藏羚羊等野生动物的尊重。类似的案例在三峡工程、南水北调工程中也有出现，这说明，同理心原则同样适用于自然界的动植物。

3．同理心原则应用于冻土

在青藏铁路工程建设中，遇到了大面积的冻土问题。中国的冻土专家几十年如一日地观察、测量、研究冻土的工程性质，最后找到了解决冻土问题的方法。将同理心概念的内涵再进一步拓展，这也是对冻土的同理心，也是在深入理解冻土特性的基础上，才找到了解决问题的办法。类似的，岩石专家、水利专家、土壤专家等对相关问题的研究也是人们同理心在这些无生命的自然物的运用，为我们解决相应的问题提供深入理解岩石、水利、土壤的知识。

3.2 关键人物清单

3.2.1 方法概述

当明确研究对象之后，我们还可以借助关键人物清单的方法，对研究对象深入细致地进行描述。这样做的目的是更好地理解问题。

3.2.2 使用说明

社会学和心理学中常用的焦点访谈法给我们提供了很好的方法。我们可以在目标群体中选取与项目相关的关键人员，通过对他们的焦点访谈，得到与整个目标群体相似的同理心洞察。

抽取关键人员，就是建立"关键人清单"。我们如何抽样才能让"关键人"更好地代表全体目标对象呢？根据焦点小组中抽样的基本原则，我们要抽取那些最可能提供研究者所需信息的总体中的人群。

3.2.3 使用步骤

建立关键人清单需要以下几个步骤。

第一步，明确目标对象。你们的主题将为谁设计？考虑核心受众和扩展受众。写下他们的特征。

第二步，寻找关键人。哪些人与主题相关？谁可能代表与主题相关的行为？你想与哪些专家交流，以了解更多关于主题的内容？列出你们认为最能提供灵感的候选人（见图 3-5），并圈出 3～5 个想首先接触的人。

第三步，确定关键地点。可以去哪里获得与挑战相关的能启发自己灵感的体验？有哪些类似的环境或极端体验，你们可能会在不同的环境中看到类似或相关的行为和活动？列出尽可能多的地点，并圈出 3～5 个想最先观察的地点。

第四步，建立关键人清单。我们特别想和谁交流并向他学习？为至少 3 个不同的用户或灵感来源创建详细的描述。这些用户一定要涵盖不同的年龄、性别和经历等。图 3-5 是某设计软件的关键人物清单。

图 3-5　某设计软件的关键人物清单

3.2.4　应用实例

图 3-6 是以"斜杠青年"为关键人物绘制的关键人物清单。通过这个关键人物清单，我们对"斜杠青年"就有了一个大致的了解。

图 3-6　"斜杠青年"的关键人清单

3.3　系统时空 9 宫格

3.3.1　方法概述

系统时空 9 宫格是一种帮助用户从时间和空间的视角进行思考的简单方

法。能帮助客户或设计师快速有效地厘清需求和痛点问题的对象和目标。

系统时空 9 宫格的基本形式如图 3-7 所示，主要包括时空坐标系和坐标系中的 9 宫格。在横向上，按时间将系统分为过去、现在和未来；在纵向上，将系统分为超系统、系统、子系统。这样横向的时间坐标和纵向的空间坐标就把问题系统分成 9 个部分。

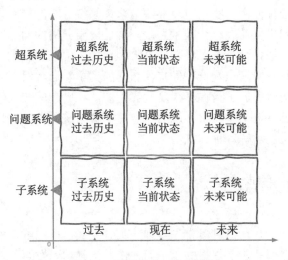

图 3-7　系统时空 9 宫格模型

系统时空 9 宫格将客户的需求和痛点作为当前系统，按照时间尺度，将客户的需求和痛点拓展到过去和未来，时间跨度可以是一周、一个月、一年、十年，甚至是更长的时间，具体可以根据客户的实际情况进行确定。在具体的空间尺度上，超系统是指将当前系统作为一个组成部分的更大环境范围，是比当前系统更宏观的范围。子系统是将当前系统分解成更小的部分，是比当前系统更微观的部分。

3.3.2　使用说明

使用系统时空 9 宫格的方法可以帮助我们把问题、条件以及系统按照时间和空间进行反映。从时间上进行思考，可以系统地了解现在的情形和过去的状况，以及它们对系统未来可能产生的影响。从空间上进行思考，可以对系统进行纵深分析，上至宏观，下至微观。通过系统时空 9 宫格中的数据和事实，以及彼此之间的相互关系，我们可以对问题所处的环境有一个清醒的认识。这个方法还有助于把复杂的信息简化，便于人们了解问题，并与他人进行有效的沟通和交流。

从时间上进行分析，我们可以从动态上把握问题的发展趋势，在过去、现在、未来的发展过程中思考问题。过去的一些重大变化会延续到现在，也会对未来产生影响，影响系统的变化和取向。展现过去有助于我们了解现在，展现未来有助于我们保持洞察力，设想系统未来的发展情形，以及现在如何做才能满足未来的发展。

从空间上进行分析，我们可以详细地解读系统存在的问题，了解它的背景和来龙去脉。如果面前是一个技术系统，我们需要弄清的问题有很多，例如，这个系统属于其他什么系统？处在何种物理环境之中？周围的环境如何？属于什么样的市场？主要客户是谁？面临什么样的竞争？通过对空间范围所进行的思考，犹如在面前摆放了一幅多尺度世界地图，将问题的相关事项清晰地标示在上面。我们可以进一步观察系统的背景，了解系统周围的一切；还可以反过来思考次级系统，了解各种详细情况。

3.3.3　使用步骤

使用系统时空9宫格时，首先绘制一张时空9宫格图纸，然后请客户将其当前需求和痛点填写在9宫格的正中间，作为问题的出发点。然后，按照时空9宫格的引导，分别填写其余的8个宫格。

在客户填写时空9宫格时，设计师只能提供如何做的知识，不能帮助客户思考。时空9宫格的作用是辅助客户进行系统思考，填写9宫格的过程就是客户在系统思考的过程。通过填写时空9宫格，客户可能会想清楚很多自己原来忽略或模糊的问题，也可能使客户的需求和痛点更加清晰明了。

填写完时空9宫格后，请客户对自己的需求和痛点进行重新阐述。这时，应注意客户对需求和痛点的描述的变化，使模糊不清的需求和痛点转变为清晰明了的对象和目标。

3.3.4　应用实例

1. 用时空9宫格分析销售模式

系统时空9宫格让我们从更大的背景（超系统和未来）描述和理解问题。下面我们以"销售模式设计"为例（案例摘自《系统性创新手册》）展示系统时空9宫格的形式与应用，如图3-8所示。

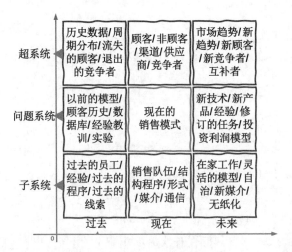

图 3-8　系统时空 9 宫格应用案例

图 3-8 中的销售模式案例展示了当应用系统时空 9 宫格更系统地考虑销售模式的设计时，有可能要考虑的主要时间和空间特征。这样做的关键在于帮助我们克服只考虑当前和当前系统的心理惯性。系统时空 9 宫格不仅能帮助我们分割一个给定的具体问题，而且能帮助我们从其他可能的角度思考问题。

2. 用时空 9 宫格分析机场盲点

大部分称为"机场"的系统都没有从乘客的角度考虑问题。当我们经过机场时，机场会为我们展示城市最初和最后的印象。那些不得不经常经过机场的人，会感觉作为乘客的自己是渺小的，显然针对的也是超系统中感到不方便的那部分。这种超系统主要是为了满足机场经理们的快速通道以及建筑师的脆弱的自尊心设计的（案例摘自《系统性创新手册》）。

如果有更好的方法会怎么样？如果设计师从超系统的角度看待事物会如何？

（1）设计师是否想过，让乘客在大厅里面坐着，然后在飞机上无所事事地度过几个小时，最后强迫他们忍受可能另外几个小时入境手续，是让顾客享受出行时间吗？

（2）设计师有没有考虑到乘客的笔记本电脑、手机、随身听等在过去 5 年的变化，但是没有电源，他们会有电量耗尽的问题？

（3）设计师是否意识到越来越多的乘客希望随身携带行李，因此，他们越来越不喜欢自己的行李被检查？

（4）设计师有没有意识到许多商务旅行者是为了参加会议才乘坐飞机的，如果在机场有便捷的会议场所，那么他们会有多开心？

诸如此类的问题，可以如何创造性地解决呢？

3.4 用 5W1H 描述问题

3.4.1 方法概述

5W1H 分析法是一种常用的问题分析方法（见图 3-9），它通过提出五个"W"问题和一个"H"问题深入分析一个事件或问题。5 个 W 问题包括：what（问题是什么）、why（问题为什么出现）、who（问题涉及谁）、where（问题发生在什么地方）、when（问题在什么时间出现）；1 个 H 问题是 how（解决问题的方法和措施是什么）。其核心思想是通过不断提问为什么前一个事件会发生，直到回答"没有好的理由"或发现新的故障模式来停止提问。

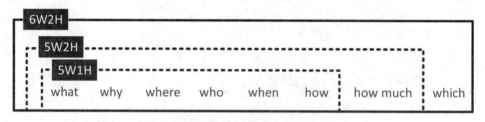

图 3-9　5W1H 分析法的模型

5W1H 分析法还可以进一步拓展为 5W2H 分析法和 6W2H 分析法，在原来的 5W1H 分析法的基础上增加 1 个"W"问题：which（可以用什么方法或途径解决问题），增加 1 个"H"问题：how much（需要多少成本）。

3.4.2 使用说明

5W1H 分析法是一种为客户提供问题提纲让客户按照提纲的提示将其模糊不清的需求陈述出来的方法。如果目标客户只是感知到问题的存在，不知如何描述问题，可以让客户按照 5W1H 的提示（where，when，what，why，who，how）描述问题。通过 5W1H 的系统思考，可以让客户发现未知的事实，揭示事物之间的因果关系，找出连客户也不知道的问题。

5W1H 分析法非常灵活，可以应用于各种领域，如生产、管理、销售、技术开发等。它可以帮助人们深层次地理解事件或问题，并从根本上解决问题。

在丰田公司的生产管理中，5W1H 分析法被广泛应用，帮助员工更好地掌握事物的根本规律，更高效地解决问题。通过使用 5W1H 分析法，人们可以对问题进行更全面、更深入的分析，从而找到问题的核心和解决问题的关键。5W1H 分析法也可以帮助人们创新出更好的解决方案和改进措施。因此，5W1H 分析法是一个非常有用的问题分析工具，它可以帮助人们更好地解决问题，提高工作效率和工作质量。

3.4.3　应用步骤

5W1H 或 5W2H 分析法的时间步骤比较简单，就是让目标客户从 5W1H 或 5W2H 共 6/7 个方面来描述他的问题或需求。

这些问题可以用白纸写成问题提纲的形式，也可以设计成表格的形式，以此引导客户对需求和痛点进行系统思考，澄清问题。

以下是 5W2H 分析法的 7 个问题的提纲。

什么（what）——这是一个什么样的问题？有什么样的内容和表现？

何时（when）——问题何时发生？发生了多长时间？何时可以解决？

何处（where）——问题发生在哪里？影响范围有多大？

谁（who）——是哪个设备的哪个零部件出了问题？这个问题会影响到谁？

为什么（why）——为什么发生这样的问题？为什么无法阻止这样的问题发生？

如何（how）——这些问题是如何产生的？如何消除当前问题？以后如何不再产生类似问题？

多少钱（how much/how many）——问题的数量是多少？做到什么程度？质量水平如何？需要多少费用？利润如何？

经过 5W1H 或 5W2H 分析法的系统描述，可以对客户需求有一个相对清晰的了解，主要体现在以下几点：

（1）可以准确界定，清晰地表达问题，提高工作效率。

（2）可以有效掌控事件的本质，完全抓住实践的主骨架，对事件进行深入的思考。

（3）5W1H 或 5W2H 分析法简单，方便，易于理解和使用，富有启发意义。

（4）有助于思路的条理化，杜绝盲目，有助于全面地进行思考，从而避免在流程设计中遗漏项目。有助于探索新的想法，通过引导，发现问题的根源，最后帮助客户解决问题。

3.4.4　应用实例

以下是表格形式的 5W1H 或 5W2H 分析法的应用实例。通过 5W1H（见表 3-1）或 5W2H 分析法（见表 3-2）的引导，客户可以对大学食堂中的问题进行系统的思考，进而逐步厘清自己的需求对象和目标。

表 3-1　5W1H 分析法示例

问	答
what（是什么问题？）	食堂排队等候时间过长
who（是谁受到影响？）	就餐的学生和老师
when（是什么时间发生的？）	午餐时间或晚餐时间
where（是在哪里发生的？）	校园食堂
why（为什么会出现这种情况？）	食堂内用餐人数过多，座位不够，菜品不够
how（应如何解决问题？）	增加食堂面积，增加座位，增加菜品，缩短等待时间，错峰就餐

表 3-2　5W2H 分析法示例

问	答
what（工作的内容和达成的目标）	工作内容：解决食堂排队等候时间过长的问题；达成的目标：缩短学生在食堂排队等候的时间，提高整体用餐效率，提供更好的用餐体验
why（做这项工作的原因）	确保学生在用餐时不会因为过长的等候时间而感到不满，提高食堂服务质量，增强满意度
who（参加这项工作的具体人员）	责任人：食堂管理人员，包括食堂经理、运营经理等；团队成员：包括服务人员、厨房人员，需要协同合作解决问题
when（在什么时间进行）	需要在就餐高峰期采取紧急措施，同时也需要在非高峰期进行系统性的优化
where（工作发生的地点）	食堂内部，特别是与学生交互的区域，如点餐区、取餐区
which（用哪一种方法或途径）	优化点餐和取餐流程，增加服务人员，可能引入自助服务设备
how（用什么方法进行）	重新设计点餐流程，培训服务人员以提高效率，引入数字技术以优化服务流程
how much（需要多少成本）	需要评估资源投入，包括培训成本、引入新设备的成本等。这需要权衡提升服务的成本与收益

3.5 简 单 语 言

3.5.1 方法概述

在本书中，将简单语言理解为通用参数，作为厘清客户模糊不清的语言的工具。通用参数的思想源于 TRIZ 理论中的 39 个通用工程参数（见表 3-3）。

表 3-3 39 个通用工程参数简表

1. 运动物体的质量	14. 强度	27. 可靠性
2. 静止物体的质量	15. 运动物体的作用时间	28. 测量精度
3. 运动物体的长度	16. 静止物体的作用时间	29. 制造精度
4. 静止物体的长度	17. 温度	30. 作用于物体的有害因素
5. 运动物体的表面积	18. 照度	31. 物体产生的有害因素
6. 静止物体的表面积	19. 运动物体的能量消耗	32. 可制造性
7. 运动物体的体积	20. 静止物体的能量消耗	33. 操作流程的方便性
8. 静止物体的体积	21. 功率	34. 可维修性
9. 速度	22. 能量损失	35. 适应性，通用性
10. 力	23. 物质损失	36. 系统的复杂性
11. 应力，压强	24. 信息损失	37. 控制和测量的复杂性
12. 形状	25. 时间损失	38. 自动化程度
13. 稳定性	26. 物质的量	39. 生产率

阿齐舒勒发现，利用 39 个通用工程参数就足以描述工程中出现的绝大部分技术内容。39 个通用工程参数是阿齐舒勒通过对大量专利文献进行分析后，为了更好地解决实际问题而总结出来的，专门用于描述技术系统所发生的问题的参数属性，有助于实现具体问题的一般化表达。也就是说，在工程学的大背景下，工程技术人员之间能直接理解的基本参数概念不会有较大的差异。在描述问题时，大家都可以直接理解。在这个角度，通用工程参数就具有了简洁描述问题的方法。也就是说，通用工程参数就是工程师的简单语言，便于直接交流、相互理解。

类似的，广告学、地质学、数学、传播学、经济学等都有其通用语言。如果我们能将其整理出来，作为彼此交流的通用语言，将会减少很多误会，降低很多沟通成本。

达雷尔·曼恩在《系统性创新手册》中整理出了管理学领域的 31 个通用管

理参数，表 3-4 用简表列出。学习者可以列出更多领域的通用参数，以便于学习和交流。

表 3-4　31 个通用管理参数简表

1. 研发规格/能力/方法	12. 供应成本	23. 通信流
2. 研发成本	13. 供应时间	24. 影响系统的有害因素
3. 研发时间	14. 供应风险	25. 生产系统的有害因素
4. 研发风险	15. 供应界面	26. 便利性
5. 研发界面	16. 支持规格/能力/方法	27. 适应性/多功能性
6. 生产规格/能力/方法	17. 支持成本	28. 系统复杂性
7. 生产成本	18. 支持时间	29. 控制复杂性
8. 生产时间	19. 支持风险	30. 张力/压力
9. 生产风险	20. 支持界面	31. 稳定性
10. 生产界面	21. 客户收益/需求/反馈	
11. 供应规格/能力/方法	22. 信息量	

3.5.2　使用说明

简单语言是指避免使用专业技术用语或缩略语，防止混淆视听，掩盖简单的事实。这些通用参数是某个领域中的人员相互交流时的通用语言。每个专业都有各自的通用参数或通用术语，如文学专业、广告专业、管理专业、音乐专业等的通用参数，都构成了各自领域的通用语言。再进一步扩展，地方方言和普通话、英语和汉语等不同语言形式之间的差异，恰恰是进行交流时面对的挑战。采用同理心原则进行交流，是相互理解的基础。

在面对客户或不同领域的需求时，由于知识背景的差异，彼此之间用的专业术语不同，影响了彼此的相互理解，所以才会有"简单语言"和"同理心"的陈述要求。描述问题时应尽量使用简单语言、通用语言和相互能听懂的语言进行交流。如果存在较大的语言差异，就需要在同理心的原则下，仔细聆听，认真交流，逐渐达到相互理解的同理心状态，进而合作解决问题。因此，将客户的方言、缩略语等转换成通用语言，即简单语言，是厘清客户模糊不清需求和痛点的有效工具。

3.5.3　使用步骤

使用简单语言陈述问题时，应初步了解客户的知识背景及其需求和痛点问题的大致情境。

在客户第一次陈述问题时，请客户按照其自然的语言状态描述其需求和痛点。在客户的语言、文字、动作、表情中会包含很多设计师不能理解的词语、动作或表情。

在第二次陈述时，就需要对这些不能理解的词语、动作、表情进行澄清。此时，设计师可以根据客户的知识背景或需求和痛点的特征，用一些简单语言或通用参数进行提问，使客户的需求和痛点得到清晰的表达和理解。

通过彼此的沟通和交流，设计师完成对客户模糊不清需求和痛点的转化，将其转化为简单明了的通用参数，使问题的对象和目标更加明确。

3.5.4 应用实例

在《TRIZ——众创思维与技法》一书中有这样一个问题：一杯水放在桌面上，在不移动桌子和杯子的情况下，如何将玻璃杯中的水移走？

简单来说，这个问题的目的是"把水移走"，转换成科学效应库的语言就是"使液体移动"，解决问题需要的功能是"移动液体"，这样就将描述性语言转化为"如何移动液体"。二是在科学效应库中以"移动液体"为关键词进行搜索，寻找"移动液体"的物理和化学方法。这就是通过科学效应库寻找可以"移动液体"的方法的 TRIZ 过程。这就是使用"简单语言"描述问题的说明。

这个例子就说明了简单语言的作用，描述问题时应尽量用简单语言，使相互能够听懂。如果存在较大的语言差异，就需要在同理心的原则下仔细聆听，认真交流，逐渐达到相互理解的同理心状态，进而合作解决问题。

3.6　贴　身　观　察

3.6.1 方法概述

了解他人生活最好的方法，就是进入他人的生活。这就是我们要探索的"贴身观察"法。这个方法来源于即时经验追踪。即时经验追踪是一种直接观察用户行为的方法，也就是对用户当下的行为做记录，掌握用户的真实偏好。例如产品设计团队邀请被试验者为自己的一日三餐拍照，由这些事实资料的积累，洞察被试验者没有意识到的行为及心理。与传统调研方法（问卷调查、小组访谈）相比，即时经验追踪获取的资料更接近真实生活，经过观察—思考—洞察得出来的假设，比听对方说、经过粗浅加工得来的假设更具有价值。

3.6.2　使用说明

我们在即时经验追踪基础上提出了"贴身观察法"，它既符合即时经验追踪洞察真相的本质，又给出了具体的方法（贴身）和目的（洞察）要求。

洞察的前提是细致地观察。观察就是我们利用眼睛、耳朵等感觉器官和其他科学手段及仪器，有目的地对他人进行考察，以取得所需资料的一种方法。

如何观察盲人的生活呢？我们先要找到一位盲人朋友，与他建立良好的关系，取得他的充分信任。在获得他的允许后，在他身边进行观察。可以用相机拍摄他的生活场景，用录音笔记录他和别人的谈话。

观察只是记录人们所做的事情，而洞察则是回答人们为什么会那样做。只有真正做到了洞察，才能从根本上了解他人的行为动机，才能做出真正满足他人需求的产品。

3.6.3　使用步骤

贴身观察法在使用时，主要有以下几个步骤。

1. 贴身观察

观察分为参与观察与非参与观察。参与观察要求观察者作为一个参与者参与现场活动，身临其境地观察。例如，如果你观察的是一位喜欢下象棋的盲人，那么你需要和他一起下象棋，体会他是如何下象棋的。

在非参与观察中，观察者作为一个旁观者，冷静地观察现场所发生的各种情况。例如，同样还是观察一位喜欢下象棋的盲人，进行非参与观察时，你不需要和他下棋，只需要在一旁观察他和别人下棋的全过程就可以了。

无论是参与观察还是非参与观察，你都需要"贴近"被测者的生活，这就是"贴身"观察的关键。如果你不走进他的生活，你无法发现他生活中真实存在的问题。

说到"贴身"观察，就不得不提到以田野考察为代表的人类学研究方法。与其他在实验室中控制状态下的研究不同，田野考察是在实地进行的，正是这种现场式的、真正深入研究对象的"贴身"调研方法，得到的研究成果才更真实和珍贵。

2．长时间的观察

为什么一定要进行长时间的观察？这是因为我们所观察的行为有以下三个特征。

（1）所要搜集的信息必须是可以观察到的，或者是能够从可以观察到的行为中推断出来的。

（2）所要观察的行为必须是重复出现的，有频率的，可以按某种方式预测的。

（3）所要观察的行为必须是持续时间比较短的。

因此，贴身观察需要持续一段时间，才能观察到行为的重复性和特殊性。如一个人类学家，要通过持续 1 年的考察才能发现某个族群春夏秋冬四个季节的农耕生活的规律，才能完成一份基本的考察报告。日常的贴身观察由于持续的时间比较短，又每天都在重复，因此至少要保证一天的贴身观察才能得出比较完整的结论。

3．多问为什么

洞察的关键是多问为什么。如为什么被测者会有这样的行为？这些行为背后的根本动机是什么？通过这样不断地提问洞察到客户需求和痛点背后的深层问题。例如，一家国外的即食通心粉品牌通过问卷调查发现，家庭主妇在烹饪即食通心粉的时候会加一点新鲜的洋葱，这是为什么呢？因为她们喜欢有洋葱味的通心粉吗？

面对问题不要轻易下结论，因为浅显的解释往往抓不住事物的本质。回想一下我们小时候，如果妈妈因为太忙没时间给我们做晚饭而给我们端上一碗方便面时，你会发现碗里不仅有方便面，还有鸡蛋或菜叶，妈妈为什么要在煮方便面时加鸡蛋和菜叶呢？是因为内疚感。妈妈不能为家人做出营养健康食物的时候，她希望通过加入鸡蛋或菜叶消除这种内疚感。同样，家庭主妇在给家人准备即食通心粉的时候，有一种没有尽到家庭主妇责任的内疚感，为了消除这种内疚感，加入一点洋葱，不仅是在表达自己对家庭成员的关爱，也是对为了方便而产生的内疚心理的一种补偿，与通心粉本身是否需要洋葱味没有关系。

3.6.4　应用实例

1．四川省肿瘤医院外科中心总护士长唐小丽的创新实践

长年在危重病房从事护理工作的四川省肿瘤医院外科中心总护士长唐小丽

发现，传统病服为患者和医护带来不便，"做个小检查，都要把衣服脱光，要绕开各种导管，还要让病人把臀部抬起来穿裤子。"通过长期的贴身观察，她发明了一款新型的病员长衣。与传统病服不同的是，病员长衣衣袖处和正前方都有一排纽扣。"不用脱掉衣服，只需解开纽扣，医护人员就可以为患者做血压检查、心电监测、尿管护理等。"唐小丽介绍，传统病服在肘上 PICC 置管时，患者必须剪破衣袖，而开口设计的病员长衣，方便肘上 PICC 置管患者输液及换药。当患者遇到紧急情况时，也便于医护为患者实施抢救。不用脱掉衣服直接做各项护理，这样的设计也保护了患者的隐私。

另外，在长衣的腰间设计了一个布袋环，当患者下床行走时，引流管、尿袋可以直接扣在布袋环上。长衣前方还有个大衣袋，也便于患者放置肠胃管、鼻胃管等仪器。许多需要护士或家属帮助才能下床的患者，有了病员长衣后便可以自己下床活动。

2. 常州市第一人民医院护士张茹的创新实践

常州市第一人民医院护士张茹仅在 2018 年便获得了 10 项实用新型专利授权，被称为"护理发明达人"。

踝泵运动是一项对于卧床患者非常重要的康复手段，每天足量完成踝泵运动可有效防止下肢深静脉血栓的形成。血管外科病房要求绝对卧床患者每天做 200 组踝泵运动。然而，患者的自觉性差，一个护士至少分管 6 个患者，很难督促病人完成，就连陪护和家属也时常忘记或忽略。

张茹想，能不能按照踏步器的样式，做一个能固定在床上做踝泵运动的仪器呢？有计数器，有语音提示，患者做了多少个运动一目了然，如果忘记了还能语音提醒。随后，张茹将这一想法形成交底书，上交国家知识产权局，几个月后，一种用于病床踝泵运动的装置专利就这样申请成功了。

原本就思想活跃的张茹这下更是"脑洞大开"。她制作了胰岛素笔专用储存盒，以减少因胰岛素笔过多储存不当造成的不良事件；增加专用口服药盒，防止因口服药乱塞乱放导致的病人漏服；绘制生动有趣的留取大小便标本漫画，贴在厕所中，便于患者参照；增加禁止肢体穿刺和测血压的硅胶手环，保护患者安全……一项项贴心的优护措施和实用新型专利应运而生。

3. 滨州医学院附属医院杨淑野的创新实践

滨州医学院附属医院医师杨淑野作为创伤骨科临床医师，在工作中需要时常面对和感受患者的疾苦，尤其是骨折儿童。6 个月到 3 岁的孩子骨折后，临床上一般选择保守治疗，使用成人规格的牵引床比较笨重，且至少要住院 3 周以上。长期住院牵引治疗和对医院环境的恐惧心理，对活泼好动的孩子造成的痛苦，以及陪护家长的身心俱疲，杨淑野都看在眼里。医者父母心，面对这些幼龄患者，杨医师就像对待自己的孩子一样，日思夜想用什么方法能够实现更加安全、有效、微创的骨折治疗，直到某天在电梯里偶遇送药的小推车，当即灵光一闪，开始以小推车为基础进行改造，自发研制了可移动儿童下肢骨牵引床，她一丝不苟地测量、全神贯注地划标记线，小心翼翼地保护牵引着力部位的皮肤……所有的操作不仅要保证骨折治疗质量，更要最大限度地考虑孩子的耐受程度，避免治疗带来的不适和副作用。此时的医师，比父母更加渴望治疗方案能够成功，能让孩子尽快脱离痛苦、早日康复。这款可移动儿童下肢骨折牵引床不仅实现了牵引力度的数量化，而且移动方便，可以像推小推车一样推着孩子到处走，最快 24 小时就可以出院，大大缩短了患者的住院时间。

以上的发明告诉我们，在日常生活中要多一点贴身观察，多一点贴心洞察，发明就在我们身边。

3.7 小 结

同理心洞察阶段的主要目的是使原本模糊不清的需求和痛点现象转化为清晰明了的研究对象和目标。本章提供的同理心地图、关键人物清单、系统时空 9 宫格、5W1H、简单语言、贴身观察等方法的主要作用就是实现从需求和痛点到对象目标的转化。这个转化的过程就是深入理解客户、理解客户需求和痛点的过程。

第4章 定义问题与找到矛盾

本章是系统性创新设计思维流程的第二步（见图 4-1），就是在明确研究对象和用户需求目标的基础上，通过仔细分析明确需要解决的关键问题，找到导致客户痛点的矛盾。确定是和人有关的矛盾（心理矛盾、行为矛盾、管理矛盾）还是和物有关的矛盾（技术矛盾、物理矛盾、管理矛盾）。

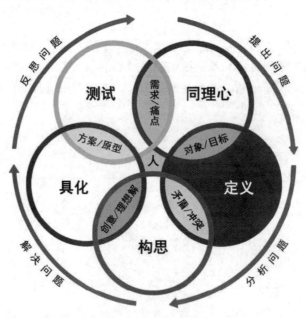

图 4-1　系统性创新设计思维流程第二步：定义问题与找到矛盾

本章主要是将问题对象看作一个系统，在介绍系统矛盾、理想解等基本概念的基础上，简要介绍利益相关者地图、资源分析 9 宫格、系统功能分析、因果链分析等矛盾冲突的分析方法。

4.1 最终理想解问卷

4.1.1 方法概述

当问题的关键矛盾找到之后,很多人就开始急于解决矛盾。在 TRIZ 理论中,阿奇舒勒提出理想度和最终理想解的概念,提醒人们对矛盾进行深刻的思考之后再行动。在创新活动中,消除矛盾是解决问题的基础,但消除矛盾之后能达到什么样的效果(理想度),也应引起思考。

理想度的基本定义如下:理想度=收益/(成本+危害)。在理想度公式中,收益包括主要和次要收益,一切需要的结果。成本是指所有的投入,危害是指不需要的结果。在提高理想度是系统进化最重要的趋势的前提下,当系统进化时,系统有效作用(收益和有用功能)日益增加,有害作用(成本和危害)日益减少。如果系统进化到极致,那么系统就只会提供给我们要求的有用作用,而且不会产生任何有害的事物。这样的进化状态就是最终理想解。

理想化是一个非常有用的工具,可以让每个人全面了解和准确定义真正重要的东西。每个人的需求不同,当然也会有不同的理想解。让每个人界定自己的理想解是一种非常好的方法,可以让我们了解不同人在需求方面的差异。

通过理想系统的定义,工程师和设计师可以在重要的需求上取得一致的认识,即每个人普遍关心的主要收益、每个人都想得到的东西。这样的做法让每个人从大局出发,始终关心问题的主导方面,防止陷入技术细节和个人需求的冲突之中。界定每个人的理想系统是一种快速界定需求的方式,结果往往会形成一个充满差异和矛盾的清单,其中的一些需求也许是完全相反的,甚至是相互冲突的。TRIZ 理论提供了一系列处理矛盾的方法,能够有效地解决这些问题。

4.1.2 使用说明

理想化是阿奇舒勒在 TRIZ 理论中提出的一个重要的概念,用来描述系统发展进化的终极方向,为创新活动指出了努力的方向和目标。理想度既是解决问题的起点,又是解决问题的终点。改善理想度的目的就是在实现系统最大收益的同时尽可能减少成本和危害。如果用理想度定义创新，创新就是创造出理想化的产品，即系统收益日益增加，有害作用日益减少。理想度提供了一个评价创新的等级的方法。理想化是一个漫长的进化过程，几乎在所有的情况下，技术系统都是"不理想的"，在不理想和理想的技术系统之间，有着巨大的时空跨度。

基于理想化和最终理想解的认识，如果任何事物都会朝着这个方向进化，那么我们为什么不从这个终点开始思考（以终为始，取法乎上），而偏要从现有的情况开始呢？这个简单的思考过程代表了大多数组织（和许多个人）思维方式上微妙但意义深远的转变。大部分人都会从系统的"当前状态"开始，接着所有的工作都将基于这个"当前模型"开始。

由理想度激发的思维方式的转变存在一个悖论。现实约束及惯例告诉我们，应当从当前的状态出发解决问题。这是大多数人思考问题的方式。如果从最终理想解开始，以终为始，往回寻找答案，我们就有了更有效的创新方式。

最终理想解的另一个作用是将系统矛盾转化为最终理想解，为后续的创意构思提供更高的起点，而不仅仅是消除矛盾。理想度则为设计师提供了一个在很大程度上进行创新的思考。

最后是理想解的归属问题，即是谁的理想解。面对同一个问题，利益相关者的视角是不同的，其提出的最终理想解也是不同的，在分析时应予以注意。

以割草机为例。割草机制造商、割草机经销商、能源供应商和使用者的最终理想解都是不同的。

（1）制造商的最终理想解是一个能有效割草的机器，要外观美丽，噪声小，无须用户维修，容易操作，不耗费燃料，有利可图，保修卡过期后立即需要售后服务或更换。

（2）经销商的最终理想解是一个销量大的产品，不仅要拥有很高的利润率，而且保修卡过期后立即需要售后服务或更换。

（3）能源供应商的最终理想解是一台需要大量燃料、电力和石油的机器。

（4）使用者的最终理想解是一个很漂亮、无须打理的草坪。

从这个例子可以看出，最终理想解和定义者密切相关，在使用时应注意到底是谁的理想解。

4.1.3　使用步骤

《系统性创新手册》中提供了定义最终理想解的问卷工具，主要包括如下7个问题。

（1）系统的最终目的是什么？

（2）最终理想解是什么？

（3）什么事物阻碍你实现这个最终理想解？

（4）它为什么会阻碍你？

（5）怎样才能使阻碍你实现最终理想解的事物消失？

（6）有什么资源可以帮助你创造这个条件？

（7）是否已经有人解决过这个问题？

最终理想解的 7 个问题的顺序非常重要。

第一个问题代表第一个挑战。这个问题要求问题定义者考虑系统要求实现的功能。功能是系统存在的关键，因此，最终目的应当确切地反映这个功能。

第二个问题是问题定义练习中非常容易的第一次迭代。这个问题的答案是：实现系统的功能、最终目的或收益，且零成本零危害。

第三个问题是最具挑战性的问题。这个问题的答案有可能既不明显又纷繁复杂。在这个阶段，问卷的重点是激发"强有力的思考"。因此要确保把所有能找到的答案都记录下来。

第四和第五两个问题从所需要思考的重要性来看，具有同等程度的挑战性，它们的潜在挑战是质疑前面"是什么"这个问题的答案。有时候，这个问题所引发的答案会产生某种循环式的争论，但是，不要让它分散这个工具的整体目的，让它帮助你充分地拓宽问题空间。

第六个问题是寻找理想度与资源之间的明确关系，其中资源应当在整个问题定义过程的问题探索部分就已经被识别。理想度与资源密切相关；如果在系统周围存在能够代替系统执行系统功能的元素，那么它就可以为我们实现所需要的最终理想解提供非常好的路径。

最后一个问题是与下游的问题解决工具相关联的。在所有以理想度为中心的问题定义思考方式中，在绝大部分情况下都将形成一个"知识"问题（如想做某事，但是不知道怎么做）或者是一个冲突、矛盾问题（想做某事，但是被其他事物阻碍了）。最后一个问题将帮助我们决定到底形成哪一类问题。它也是使问题实现从具体到一般的起点。

回答上述所有问题之后，问题情形总体而言就变得更加清晰。但是，也不是一蹴而就的事情。如果第一次通过问卷调查得到的问题定义无法解决，那么此处描述的理想化问题定义流程就提供了两条可能的探索路径：一是我们不能实现预想的最终理想解，希望探索其他难度相对较小的最终理想解问题定义；二是阻碍我们实现最终理想解的因素不止一个，我们希望对这些因素进行详细的探索。

4.1.4 应用实例

近年来,一些具有前瞻性的洗衣粉制造商在经营策略上发生了显著的转变,由以前"卖更多的洗衣粉"转变为"卖更多干净的衣服"。这样的转变早在1975年就出现了。这也告诉我们,一个想法从出现到实现所耗费的时间可能有多长。第一个和第二个目标之间简单而具有深远意义的区别在于,第一个代表实施方案,而第二个代表功能。这种区别非常重要,因为同样的功能具有多种不同的实施方案。当某人找到更加理想的方式(此处是指利益与成本及危害的和之比)实现与洗衣粉相同的功能时,任何自认为处于洗衣粉行业的组织都可能会破产。

解决方案改变,而功能不变的现象不仅仅适用于洗衣粉行业,也适用于其他行业。例如,人们需要的是一个洞而不是一台钻机;需要的是通信而不是手机;需要的是推力而不是喷气式发动机;等等。这种以基本功能制订经营战略的思维方式与最终理想解问题定义工具的第一个问题十分贴合:系统的最终目的是什么?

以洗衣粉行业为例,其最终目的(实施的功能)是"干净的衣服"。经过良好的最终理想解定义之后,此问题的方案与功能之间的联系就是"衣服会自己变干净"或者"衣服不会变脏"(见表4-1)。

表 4-1　最终理想解问卷表实例

(1)系统的最终目的是什么? 干净的衣服。 (2)最终理想解是什么? 衣服会自动变干净。 (3)是什么事物阻碍了你实现这个最终理想解? 纺织纤维不能够实现这个最终理想解。 (4)上述事物为什么会阻碍你? 纺织纤维不能实现这个最终理想解,衣服就不会干净。 (5)怎样才能使阻碍你实现最终理想解的事物消失? 有一种纤维或者纤维结构制品能够自我清洁。 (6)有什么资源可以帮助你创造这个条件? 纤维、空气、穿衣服的人、衣柜和阳光。 (7)是否已经有人解决过这个问题? 在自然界中,自我清洁功能是存在的(如荷叶),但在人类的自我清洁结构(如烤箱、玻璃)中,则要使用其本身没有的资源。另一种可供选择方案是一次性衣服。

4.2　最终理想解 STC 算子

4.2.1　方法概述

　　STC 算子是一个序列化的心理实验，它帮助人们克服对物体的传统思考，通过对问题的极限思考，让人们找到问题的主要矛盾和最终理想解。运用 STC 算子时，要思考问题的连续变化，这些变化通过尺寸（scale）、时间（time）、成本（count）三个参数实现。

4.2.2　使用说明

　　STC 算子不能给出一个精确的答案。它的目的和作用是产生几个"指向答案"的想法，帮助克服分析问题时的惯性思维和心理障碍，帮助人们从最终理想解的角度思考问题的解决方案。这是一种以终为始的思考方式。

　　在进行 STC 算子极限思考时，参数的极限变化将会刺激设计师或工程师突破既有的惯性思维框架，展开丰富的联想，进而找到新颖的解决方案。例如，在 4.2.4 的控制果浆运输管道横截面积的例子中，让成本为零、使管道的直径大于 1000m，人们首先想到的是怎么可能，但当其冷静下来后，会发现在理想化的思考中，这种情况是可能的，这样就会拓展既有的思维边界，明确最核心的矛盾冲突，进而找到新颖的解决方案。

4.2.3　使用步骤

　　使用 STC 算子时，第一步要确定研究的对象和目标。第二步分别对问题涉及的时间、尺寸、成本进行极限思考，即假设其分别趋向于 0 或∞。第三步是在这些改变的参数的刺激下，设计师或工程师进一步思考，这些参数改变后，问题如何解决。第四步是提出新颖的解决方案。

4.2.4　应用实例

　　表 4-2 中展示的是"寻找一种方法控制果浆运输管道的横截面积"STC 算

子应用案例,用来说明 STC 算子的使用方法(案例摘自阿奇舒勒《创新算法》)。

表 4-2　控制果浆运输管道的横截面积的新方法

序号	过程	改变物体或者过程	改变后的问题的解决方法	方案中采用的原则
1	S→0	管道直径 D 小于 1m	挤压管壁控制横截面(管壁薄而柔软)	管壁的变形
2	S→∞	管道直径 D 大于 1000m	这个管道像一条河,必须建造一道堤,或者等待自然的控制,如冰冻或者融化	起阀门作用的堤坝会磨损,最好改变流体的集聚状态
3	T→0	0.001s 内关断果浆流	用快速的方法(如电磁场)	用电磁部件取代机械部件
4	T→∞	100 天内关断果浆流	机械阀门会磨损(当阀门的横截面积减小时,通过阀门的果浆流速增加)。应采取及时修复磨损的阀门或定时替换磨损的阀门的措施	颗粒数量不断增加的阀门
5	C→0	关断果浆流的成本为 0	阀门自动关闭	自调节
6	C→∞	关断果浆流的成本大于 100000	在果浆中引进一些非常规但容易控制的东西,如液态金属,通过电磁场控制	可控的附加物

4.3　利益相关者地图

4.3.1　方法概述

客户的痛点问题可能涉及多个利益相关者,涉及多个群体的利益。所以首先利用利益相关者地图寻找利益相关者之间的关系,即人的关系,以分析其中可能存在的矛盾。

4.3.2　使用说明

在使用利益相关者地图时,可以将其与 why-what 分析结合起来,对痛点问题进行深入分析,找到其中深层次的矛盾冲突。

4.3.3　使用步骤

第一步是绘制利益相关者地图。

根据客户痛点涉及得到的利益相关部分，在纸上画出这些利益相关者之间的关系，就构成了利益相关者地图。如图 4-2 所示，就是一个企业问题的可能利益相关者地图。

图 4-2　人事关系中的利益相关者地图

在利益相关者地图中，我们可以发现客户痛点的直接关联部分或关键人物，找到客户痛点与企业之间的主要矛盾，如是产品质量不合格，还是客户服务不足，还是宣传资料与产品不符，还是产品价格过高，或者是客户本身操作或理解有问题，等等，这样就逐渐缩小了问题涉及的范围，为进一步开展工作提供方向和目标。

如果我们面对的是一台机器，当机器出现问题时，也可以用问题利益相关者地图的原理进行初步分析。如在某天，一辆小轿车突然打不着火了，可以参照图 4-2 列出其利益相关者地图，如图 4-3 所示。

图 4-3　机器中的利益相关者地图

这样就从利益相关者迁移到问题相关单元，二者有异曲同工的效果。也就是说，利益相关者地图的方法既适用于人与人之间问题的分析，也适用器物之间的分析。

通过利益相关者地图分析，可以初步了解利益相关者，知道他们之间是如何互动和相互影响的；了解主题设计的产品、解决方案或服务的最终用户。

第二步是对关键矛盾进行 why-what 分析。

why-what 分析是指在找到利益相关者中的关键矛盾之后，以此为基础，对问题进行深层次分析，一方面追索源头（为什么），另一方面寻找产生问题的具体事物（what）。图 4-4 展示了 why-what 分析的基本思维框架。利益相关者地图和 why-what 分析相结合，可以使问题的分析更加深入。

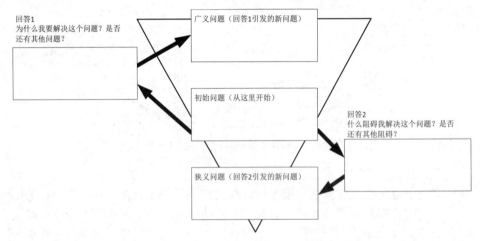

图 4-4　why-what 分析的基本思维框架

4.3.4　应用实例

下面用一个实例展示 why-what 分析的基本过程（见图 4-5）。假设一个企业想分析"员工士气低迷"的问题，就可以使用 why-what 分析法。

从这个问题的 why-what 分析可以看到，一方面向广义问题进行追问，即向企业的外部进行追问；另一方面向狭义问题进行追问，即向企业的内部进行追问。通过这样连续不断的追问，就可以逐步接近问题的源头。这样，我们就可以对问题有更清晰的理解，并明确最终要解决的问题，如是否需要形成创新的文化氛围，或者是否组织关于时间管理的培训，学会如何更有效地沟通，并认识到不充分的沟通需要花费的成本，等等。

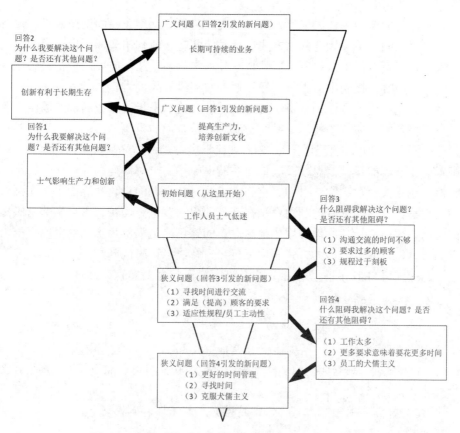

图 4-5　企业"员工士气低迷"问题的 why-what 分析

　　why-what 分析是在"多问几个为什么"观念基础上的一种质性研究方法，通过不断地追问"为什么"，可以逐步找到问题的源头，即一些基本原则、公理道德、法律规范、技术现状等，从而引起设计师的深层次思考和分析，进而从表面现象逐步找到问题的核心矛盾。

4.4　资源分析 9 宫格

4.4.1　方法概述

　　资源分析 9 宫格是借用时空分析 9 宫格的时空尺度，对系统资源进行多层次分析，进而找到问题的核心矛盾，从而找到解决问题的思路。

资源是创新的燃料。能够熟练地发现和巧妙地利用正确的资源，设计师就会变得更有创造性，以巧妙的方式进行发明并有效地解决问题，找到新的方式和途径发展系统，把自己所掌握的科学技术转化为全新的应用，使得系统在变得更好的同时，把支出、系统问题和危害减到最低限度。

在系统性创新方法中，资源的含义是广义的，是指"系统内部或周围没有被最大化利用的所有事物"。系统资源可以是有形的资源（事物），也可以是无形的资源（知识、人员等）。TRIZ 理论指出，资源是可以获得的，但是有时闲置的物质、能量、信息以及其他在系统中能够用来解决问题的一切事物及其特性，包括人、财、物、时间、空间，以及看待问题的视角和界面等。在商务和工程设计领域，巧妙地利用资源在产品和程序改进方面带来了很多非常杰出的发明。如指南针巧妙地利用了地球本身的磁场，是人类最实用的发明之一。再如日晷，以简单巧妙的方式利用了日光，解决了计时的问题。

赵敏在《TRIZ 进阶及实战》中总结了资源的主要类别，摘录如下。

1．环境中的资源

（1）空间——地球或其他星球（质量、密度、地磁、引力、亮度等），空气（成分、密度、温度、压力、重力等），水（海洋、河流、雨水、冰雪等）。

（2）时间——周期性循环（太阳、月亮、其他星体、潮汐等），声速（密度变化），光速等。

（3）界面——声音衰减（频率特性）、氮循环、碳循环等。

2．与人相关的资源

（1）空间——人的身高、体形、体积、体重、生理机能等。

（2）时间——身体不同部位的自然频率、脉搏变化、眨眼速度、呼吸速度等。

（3）界面——发热、温度变化，动力（峰值 0.75 马力，均值 0.33 马力），出汗，吸氧，产生 CO_2，生产尿素、水、垃圾，视觉、听觉、触觉、嗅觉、味觉等。

3．系统内部/外部资源

技术系统内部往往有解决问题的资源，任何没有达到理想状态的系统内部都有可用资源。要注重优先在有问题的系统内部寻找解决问题的资源，尽量不要依靠引入新的外部资源来解决问题。技术系统外部也有很多资源，如技术系统工作的外部环境和超系统中的资源。

4．有害物质资源

任何事物或系统的内、外部资源都有它的最大可用性，包括有害的事物。

有害的事物是放错了地方的有用资源。技术系统中某些我们极力想消除的有害因素，往往是研发资源，即可以利用有害因素本身的某些特性更彻底地消除有害因素本身。例如，发生山火时，风可使火势蔓延，是有害因素，但是用风力灭火机产生的高速气流就可以迅速吹散可燃物，快速灭火。

5．理想资源

自然界中有广泛的理想资源，例如重力、地磁、地热、空气、风、阳光、海水、潮汐、高空中的低温、动植物基因等环境资源。理想资源有三个特点：无处不在，无时不有；取之不尽，用之不竭；几乎不花钱。

要善于发现并提倡优先使用"理想资源"，利用它们实现理想化设计的目标。使用了理想资源的技术系统都具有简单、可靠、绿色、环保等特点，可以大大提高该技术系统的理想度。

4.4.2　使用说明

在系统性创新方法中，资源的概念得到了极大的拓展。在使用系统资源 9 宫格方法时，首先是建立时间和空间坐标系，构建过去—现在—未来的时间尺度和系统周围—系统—系统内部的空间尺度，然后引导客户对其企业系统资源进行发掘，从而找到问题的核心矛盾和解决方法。找到解决问题的资源线索之后，如何将其落地实施，是对客户执行能力的考验。

4.4.3　使用步骤

第一步是绘制系统时空 9 宫格的坐标系统，第二步是将客户的当前问题填写在 9 宫格的正中间。第三步是从资源的角度对问题系统进行多尺度的思考，并填写在相应的表格中。第四步是面对系统资源 9 宫格，整理整个思考过程。找到解决矛盾冲突的资源线索。在填写系统资源 9 宫格的过程中，即客户在搜索系统资源、分析矛盾的过程中，通过对系统资源的系统思考，可以帮助客户快速有效地找到解决矛盾冲突的有效资源。

资源识别是指在当前系统或当前场景的内部和周围识别资源。面对一个具体的问题，首先可以应用资源分析 9 宫格分割系统空间，然后分析有形资源（事物，见图 4-6）和无形资源（知识、人员等，见图 4-7）。

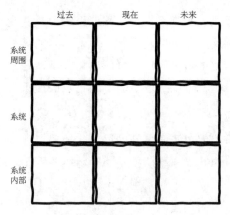

图 4-6　有形资源识别 9 宫格

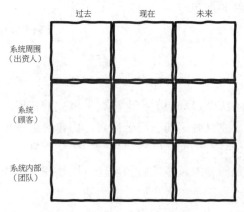

图 4-7　无形资源识别 9 宫格

在知识资源搜索中，需要问的主要问题是"以前是否有人已经解决过这个问题？""谁知道这个问题的真正背景？"对我们周围的人和知识进行检验是很有作用的，目的是把我们从另外一个心理惯性效应中解放出来，处于这种心理惯性中，大脑会误导我们把自己与外界环境区分开。难以发现在其他地方已有人解决了与我们的问题类似的问题。

使用资源分析 9 宫格，主要是为设计师提供思考的框架方向，在具体表达时，可以是 9 宫格的形式，也可以是文字的形式（如技术系统资源分析），还可以是简单列表的形式（企业组织的资源分析）。

4.4.4　应用实例

赵敏在《TRIZ 进阶及实战》中总结了资源的主要类别，并对技术系统资源和企业系统资源进行了整理，可以作为系统资源 9 宫格分析的一种参考案例。该案例是以文字的形式表达出来的，未绘制成 9 宫格的形式。

1. 技术系统的资源分析案例

一切可以解决问题的物质、能量、信息及其属性都是资源。不管我们遇到什么实际问题，都应该注意分析产品（技术系统）的内部和外部资源。

技术系统内部资源分直接应用资源和衍生资源，外部资源除直接应用资源和衍生资源外，还有差动资源。对直接应用资源和衍生资源进行细分，它们又分别可以被划分为物质资源、场（能量）资源、信息资源、空间资源、时间资源和功能资源六个方面。差动资源按照差动的类型可划分为物质差动资源和场差动资源，并根据形成可利用差动的实质进行分类，可以把它划分为结构相异性的利用、材料相异性的利用、梯度的利用、空间不均匀场的利用和场值与标准场偏差的利用五种类别。

（1）内部资源：在冲突发生的时间或区域内存在的资源，是系统内部主要的零部件及其所有的特征与属性。例如铆接飞机蒙皮时，铆钉的形状、直径、长度、材料、涂镀层、硬度以及变形性（径向/轴向）、保形性、抗拉性、抗弯性、耐腐蚀性等；铆钉枪的锤击频率、每次锤击力的大小（牛顿）、使用寿命、振动性、可握持性、易操作性等。

（2）外部资源：在冲突发生的时间、区域外部存在的资源，是系统外部主要的零部件（如超系统资源）及其所有的特征与属性。例如铆接飞机蒙皮时，人手的握力大小、把持性、抖动性、灵活性和对准性等。

（3）差动资源：物质与场的不同属性/参数实现某种功能的资源。例如铆钉和蒙皮材料的差异性、铆钉头两次受到击打的变形量差异等。

（4）直接应用资源：指在当前状态下可被应用的资源。

（5）衍生资源：是指一些经转换之后可利用的资源。未加工的材料、产品、废弃物以及其他系统组件中包含的水、空气等都是衍生资源。在现存的系统里，寻找一种方法如相变、化学反应、物理效应、热处理、分解、离子化等手段来改变物质属性的资源，也称为物质变更资源。

（6）物质资源：包含系统与周围环境组成的、已经可以应用的材料及其属性。

（7）场（能量）资源：一个物体对另一个物体施加的作用力。如地球上的重力场，还有机械、声、热、电场、化学场、电磁场、光场及其他辐射场等。

（8）空间资源：包括系统元素间的空间、系统元素内部的空间、未被利用的系统元素表面、无用元素占用的空间，将未被使用的空间范围用来放置新的物体，以达到充分利用空间的目标。嵌套式结构是充分利用空间资源的最好诠释。

（9）时间资源：时间资源包含开始前、结束后以及程序周期的时间间隔。通过变更一个对象预先的配置位置、暂停、使用同时性的操作、消除待机的动作等途径可以找出时间资源。如双向打印机。

（10）信息资源：利用系统本身累积和传达出来的知识、信息、技能。例如从汽车运行时排出废气中的油烟或颗粒情况可以反映发动机的性能信息。蒙皮明显凹陷证明铆钉变形过度。

（11）功能资源：利用系统的已有组件，考虑系统的每一个特征，以实施新的附加功能。如人站在椅子上更换屋顶的灯泡时，椅子的高度是一种辅助功能的利用。功能本身还具有属性，例如人去更换灯泡时的功能有"握持灯泡"和"旋转灯泡"等功能，因此"握持灯泡"的功能具有"摩擦性""握持性"等属性，"旋转灯泡"的功能具有"旋转性""方向性"等属性。

2. 企业组织的资源分析案例

对于一个企业组织，其主要的资源可以分为内部资源、外部资源、互补企业资源、人力资源、文化资源、低成本资源、未被预期的和能变害为利的资源等。这些资源清单的数据主要根据其与显性和隐性类别的相关性安排，会有一定重叠。

（1）内部资源：基础资源（地理位置、产品等）、组织资源（劳动力、特许权等）、功能资源（功能数据库、不足的功能等）、信息资源（知识产权、专利、版权等）、金融资源（固定资产、土地等）、社会资源（个人纪录、培训等）等。

（2）外部资源：基础资源（股票价格、产品服务等）、组织资源（供应商、合作伙伴等）、功能资源（主要功能、辅助功能等）、信息资源（媒体、大学等）、金融资源（法律、税收等）、社会资源（慈善、赞助等）等。

（3）互补企业资源：互补企业是指现在的客户、供应商、竞争者之外的一系列潜在的价值增值实体。

（4）人力资源：人类的心理和生理资源。

（5）文化资源：不同国家、地域、组织的文化，彼此之间有很大的差别。这些文化差别可以成为企业文化资源的一部分。

（6）低成本资源：内部主要是阳光、水、岩石颜色、音乐、气味等资源。外部可以是实习生、慈善机构等资源。

（7）未预期的资源和能变害为利的资源：主要是指将系统中最不可能的事物转化为有用的资源，甚至是将有害的资源转化为有用的资源。

4.5　系统功能分析

4.5.1　方法概述

工程系统和组织系统都具有相应的功能，有的是技术性的，如汽车的移动功能；有的是学校的教育功能；等等。功能是产品的核心价值，产品是功能的载体。产品开发者和客户都应该认识到，客户愿意花钱购买的是产品承载的功能，是产品所体现的有用的功能，而非产品本身。任何一个不实现有用功能的产品，必定具有有害功能，其理想度为零。实现预设功能是进行创新的主要目的。预设的功能默认是产品的有用功能。

TRIZ 理论中的功能分析是一种系统化的方法，用于识别和分析产品或系统的功能需求和问题。通过功能分析，TRIZ 理论可以帮助人们更好地理解系统的需求和问题，并提供创新的解决方案，以满足需求和解决问题。

4.5.2　应用说明

在进行功能分析前，需要大致了解功能分析的作用以及在系统性创新方法中功能的基本类型。

1. 功能分析的作用

实现系统的功能，不是组件的个体功能的简单叠加，也并不要求所有组件的功能必须是最优的。那就需要对系统的功能进行分析。现代 TRIZ 理论引入了功能分析，能为处在某个状态的系统绘制出一幅功能图。其可以帮助我们了解系统，认识系统存在的问题，确认问题的类型，进而以精确的方式为每一类问题找到相应的解决方案（卡伦·加德《TRIZ 众创思维与技法》）。

对问题进行分析是为了进一步明确需求，在完成第一阶段的问题陈述后，要进一步定义问题，明确需求，通过明确的需求思考用什么资源（系统的输入环节）能解决问题，寻找并利用资源获得解决方案。针对存在问题的系统进行功能分析是准确处理待解决问题的有效手段。

2. 功能的基本类型

对功能的研究分析是对产品功能实行简明的定性描述，分清主要功能和次要功能，并进行系统化的整理的过程。功能的分类方式主要有 3 种。

按功能的性质特点可分为使用功能和美学功能；按用户需求可分为必要功能、多余功能和不足功能；按功能的重要性可分为基本功能和辅助功能。在 TRIZ 理论中，结合后两种分类方式及系统分类方式将功能分为有用功能和有害功能两大类（见表 4-3），有用功能按性能水平又细分为正常功能、不足功能和过量功能。也可根据功能对象的不同分为基本功能（B）、辅助功能（Ax）和附加功能（Ad）。

表 4-3　功能分类及功能图图形符号

功能的分类			
按性能水平分类	功能图图形符号	按功能对象分类	功能图图形符号
有用功能　正常功能：与期望值相符	→	基本功能：对象—系统的目标	⬭
不足功能：低于期望值	┅►	附加功能：对象—超系统组件	⬡
过量功能：高于期望值	⇉	辅助功能：对象—系统中的其他组件	▭
有害功能　有害功能：对功能对象产生有害的作用	∿►		

功能缺点

4.5.3　使用步骤

系统功能分析主要有 3 个步骤。

（1）系统元素的定义。这里"元素"是统称，对于企业组织来说，其可以是人、部门、实物，以及系统内部可以找到的任何事物。对于工程技术系统来说，其可以是各个功能组件，如自行车的轮胎、方向盘、链条、路面、人等相关的事物。

（2）根据需要建立系统元素相互作用分析表，分析各个元素或组件之间的相互作用。以自行车为例，我们需要分析轮胎与地面的相互作用（摩擦相互作用）。以课堂教学为例，我们需要分析教师和学生之间的相互作用（教学相互作用）。

（3）建立功能模型，识别系统中的有用功能、有害功能等功能类型，并根据它们执行功能的性能加以评估，最后形成功能模型图。

功能分析的流程如图 4-8 所示。

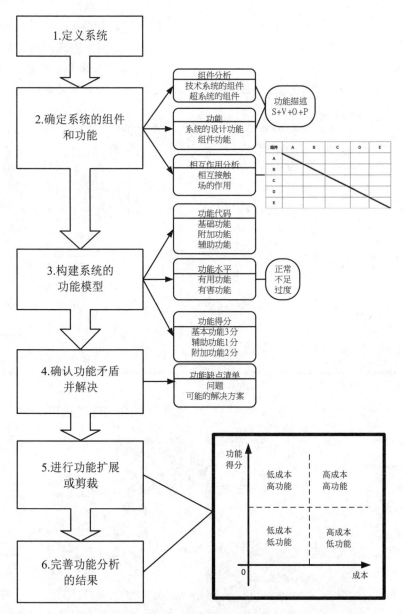

图 4-8 功能分析流程图

第一步，定义系统。确定需要分析的系统和问题，明确分析的目标和范围。

第二步，确定系统的组件和功能。将系统分解为各个组件并确定其基本功能。通过思考系统如何工作、为何需要这种工作方式、系统中的部件如何通过相互作用识别系统中的各个组成部分和重要功能。

第三步，构建系统的功能模型。将组件之间的交互作用表示出来，建立从输入到输出的映射关系。在这一阶段，需要考虑系统中实现每个组件功能的手段以及组件之间是否存在相互影响。

第四步，确认功能矛盾并解决。在系统的功能模型中确认功能矛盾，并尝试提出有创新性的解决方案，以缓解或解决矛盾。在解决功能矛盾的前提下，保持系统模型的完整和连续。

第五步，进行功能扩展或剪裁。利用 TRIZ 理论中的类比方法，从其他领域或产品中寻找新的灵感和思路，并将其映射到系统中，以进一步扩展系统的功能和提高性能。

第六步，完善功能分析的结果。对分析的结果进行综合评估，不断完善、优化分析结果，以确保最终结果对应问题或产品的需求，推进创新和优化。

4.5.4 应用实例

下面通过一个简单的实例拆解功能分析的流程。首先是选定一个待分析的系统，如图 4-9 所示，选择一把椅子作为待分析的系统，在这个系统中，包括椅子靠背、座面、椅子腿、地面、使用椅子的人等。

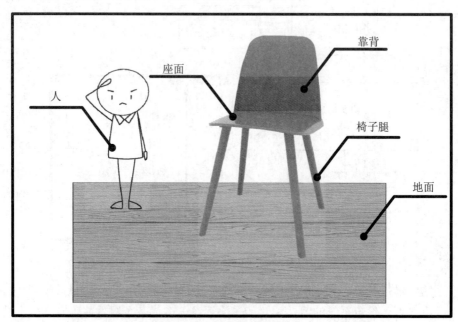

图 4-9 一把椅子涉及的系统

按照功能分析流程，逐步将相关步骤的内容填入表 4-4 中。

表 4-4 一把椅子的功能分析流程简表

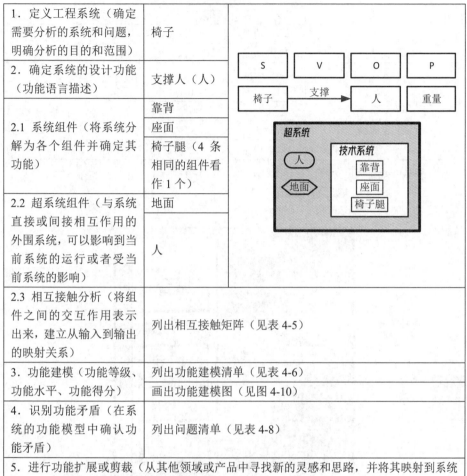

1．定义工程系统（确定需要分析的系统和问题，明确分析的目的和范围）	椅子
2．确定系统的设计功能（功能语言描述）	支撑人（人）
2.1 系统组件（将系统分解为各个组件并确定其功能）	靠背
	座面
	椅子腿（4 条相同的组件看作 1 个）
2.2 超系统组件（与系统直接或间接相互作用的外围系统，可以影响到当前系统的运行或者受当前系统的影响）	地面
	人
2.3 相互接触分析（将组件之间的交互作用表示出来，建立从输入到输出的映射关系）	列出相互接触矩阵（见表 4-5）
3．功能建模（功能等级、功能水平、功能得分）	列出功能建模清单（见表 4-6）
	画出功能建模图（见图 4-10）
4．识别功能矛盾（在系统的功能模型中确认功能矛盾）	列出问题清单（表 4-8）
5．进行功能扩展或剪裁（从其他领域或产品中寻找新的灵感和思路，并将其映射到系统中，以进一步扩展系统的功能和提高性能）	
6．完善功能分析结果（对分析的结果进行综合评估，不断完善、优化分析结果，以确保最终结果对应问题或产品的需求，推进创新和优化）	

表 4-5 椅子系统组件的相互作用（接触）矩阵表

组件	靠背	座面	椅子腿	人	地面
靠背		+	+	+	−
座面	+		+	+	−
椅子腿	+	+		−	+
人	+	+	−		+
地面	−	−	+	+	

注："+"表示组件间有相互接触；"−"表示组件间没有相互接触。

表 4-6　椅子系统的组件功能清单

组　件	功　能	等　级	得　分	性 能 水 平	功 能 得 分
座面	支撑人（目标）	基本功能	3	正常	4
	支撑靠背	辅助功能	1	正常	
靠背	支撑人（目标）	基本功能	3	不足	3
椅子腿	支撑座面	辅助功能	1	正常	1
	划伤地面	有害功能	0	有害	
地面	支撑椅子腿	辅助功能	1	正常	4
	支撑人（目标）	基本功能	3	正常	

注：基本功能——有用功能的对象是系统的设计功能对象，得 3 分。

　　辅助功能——有用功能的对象是系统组件，得 1 分。

　　附加功能——有用功能的对象是除设计功能对象以外的超系统组件，得 2 分。

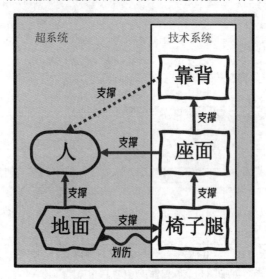

图 4-10　椅子的功能模型图

在判定靠背支撑人这一功能水平时，需要考虑用户的需求：了解用户对椅子靠背的支撑是否满足其期望和需求。一些用户可能需要更强大或者可调节的支撑功能，而另一些用户可能对当前的支撑水平感到满意。

舒适性：靠背的支撑是否能够提供足够的舒适性，使用户在长时间使用椅子时感到舒适和放松。如果用户感到不舒适或者出现不适的情况，那么表示靠背支撑功能存在不足之处。

健康和人体工学：靠背的支撑对于保护用户的脊柱和背部健康非常重要。如果靠背的支撑不足，可能会导致姿势不正确或者背部受到过多压力，从而对用户的健康产生负面影响。

可调性：某些椅子可能提供可调节的靠背支撑，以满足不同用户的个性化需求。如果缺乏可调性，可能会限制用户对支撑功能的自定义。

因此，在评估靠背支撑人这一功能是否不足时，需要综合考虑上述因素，基于用户反馈、舒适性和健康影响等方面的数据做出判断。如果有反馈表明靠背支撑功能不足，那么可以考虑改进设计或提供更多选项以满足用户的需求和期望。

价值效益计算：通过对这些功能打分，可以将某个组件所执行的每一个有用功能的得分相加，就可以得出这个组件所得到的功能总分，得分越高说明组件的功能性越强。一个组件的成本包括材料成本以及人工成本等，是可以计算出来的。

根据价值效益公式：价值效益=功能（F）/成本（C）。椅子工程系统各个组件价值计算结果如表 4-7 所示。

表 4-7　椅子工程系统各组件价值计算结果

组　　件	功 能 得 分	成本/元	价值/元
坐垫	4	100	4/100
靠背	3	300	3/300
椅子腿	1	300	1/300

特别说明，表中的成本是根据经验给出的，并未经过严格的成本核算，仅作方法的说明使用。

功能成本分析：根据价值计算结果，绘制功能与成本分析图（见图 4-11）、价值成本分析图（见图 4-12），找到椅子工程系统的缺点，为进一步分析提供参考。

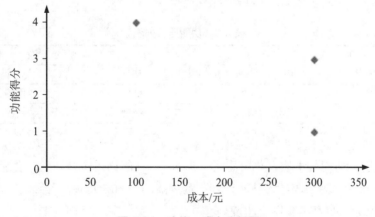

图 4-11　功能—成本分析图

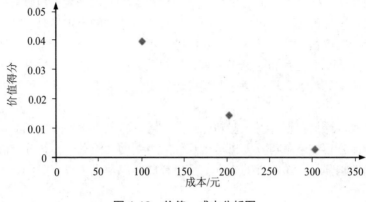

图 4-12　价值—成本分析图

功能缺点列表：根据功能表、价值效益表以及功能—成本分析图，确定工程技术系统的优缺点（见表 4-8），找到进一步改进的方向。

表 4-8　功能缺点列表

序　　号	功　能　缺　点	可能的解决方案
1	靠背对人的支撑不足	可调节角度的靠背，符合人体工学的靠背
2	划伤地面	加护套

功能分析注意事项包括以下几点。

（1）在组件分解时，组件只能是物或场，或物场的组合。

（2）拆解工程系统时，层级的划分要依据项目目的和限制条件。

（3）相互作用（接触）分析时，容易忽视场的相互作用。

（4）功能定义时，要用功能语言描述（见表 4-9）。

表 4-9　功能语言列表

吸　　收	挡　　住	加　　热	控　　制
分解	冷却	移动	去除
支撑	蒸发	折射	保持
生成	切割	吸附	粉碎

功能定义是根据收集的情报资料，透过对象产品或零件的物理特性或现象，找出其功能的本质，并用简明、准确、科学的词语进行表达。功能定义的目的是确定功能构成，为功能评价奠定基础，为构思创新方案创造条件。

功能定义的方法有以下两种：

用动词+名词进行定义。产品的使用功能、基本功能、辅助功能一般可以用动词+名词进行定义。如汽车功能定义为"运送重量"等。

用名词+形容词定义。对于美学功能或某些辅助功能，可以用名词+形容词的主谓关系进行定义。如家电产品美学功能定义为"造型美观""样式新颖"等。

4.6　系统因果分析

4.6.1　方法概述

因果分析是分析两个事物之间的因（原因）果（结果）关系。因果分析的三个要素为原因、结果和关系。因此可以将因果分析分为三类：① 由原因推结果；② 由结果找原因；③ 原因和结果互推。

TRIZ 理论中的因果分析是以系统发展变化的因果关系为依据，抓住系统发展变化的主要矛盾（内因）与次要矛盾（外因/条件）的相互关系。

4.6.2　使用说明

在由结果找原因这类因果分析中，比较常用的是追问法（5why 分析法）和鱼骨图分析法。

1. 追问法（5why 分析法）

5why 分析法是一种深入挖掘问题根源的方法，通过不断地询问"为什么"来达成这一目的。其基本思路是，在问题出现时，先问一次为什么，然后根据回答再次问为什么，直到找到问题的根本原因。这种方法有效地帮助人们理解问题的本质和深层次原因，并有助于制订措施解决问题。5why 分析法可应用于各种领域和行业，如生产制造、软件开发、质量控制等。它能够加深我们对问题的理解，并帮助我们找到问题的根本原因，从而采取最有效的措施解决问题。5why 分析法的思路很简单，即遇到问题时，首先问自己为什么会出现这个问题，然后以其答案为基础，继续提问。不断重复这个过程五次，最终找到问题的根本原因。

2. 鱼骨图分析法

鱼骨图是一个非定量的工具，也被称为"因果图"或"石川图"，是一种分析问题的模型，其中包括了多种潜在因素和影响因素。可以帮助人们找出引起问题（最终问题陈述所描述的问题）潜在的根本原因。鱼骨图主要用于找出问题的根本原因和源头，帮助团队寻找解决问题的方案。

鱼骨图分析模型如图 4-13 所示，其中，鱼头是结果（问题），大鱼骨是原因的类别，小鱼骨是具体原因。

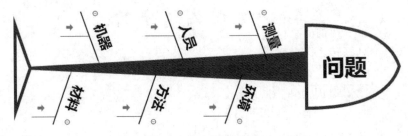

图 4-13　鱼骨图分析模型

鱼骨图分析法可以利用全员的经验和知识，协助特定团队一同探索问题。帮助团队发现问题背后的潜在源头和真正问题的根源，有助于制订更准确的解决方案。通过创建可视化的图形，使团队成员检查他们对问题的理解是否一致。总体而言，鱼骨图作为一种简单易行的分析工具，可以帮助团队更加有效地识别问题的根源，有助于找到解决问题的方案。

4.6.3　使用步骤

使用鱼骨图进行原因分析的步骤：

首先确定主干骨和鱼头，鱼头表示需要解决的问题。要求将问题放置在图的右侧，并以鱼骨的形状呈现在图左侧。

鱼骨图基于"5M1E"识别问题与根本原因：方法（methods）、机器（machines）、材料（materials）、人员（manpower）和环境（environment）。在鱼骨图的具体实现中，可以根据实际情况制作不同类型的鱼骨图。通常情况下，鱼骨图分为 4M 鱼骨图（方法、机器、材料和人）、5M 鱼骨图（方法、机器、材料、人和环境）、6M 鱼骨图（方法、机器、材料、人、环境和测量）和 7M 鱼骨图（方法、机器、材料、人、环境、测量和管理）4 类。

运用头脑风暴等方法尽可能地找出每个方面的所有可能原因，并去除重复和无意义的内容。对找出的各项原因进行分类、整理，确定前因后果和从属关系，选取重要因素。按照因果关系顺序依次画出支线骨中的大骨、小骨，分别填写原因，并对重要的原因做出标识。

4.6.4 应用实例

1. 日本丰田汽车公司 5why 分析的经典实例

丰田汽车公司前副社长大野耐一先生见到一条生产线的机器经常停转，修过多次仍不见好转。因此，采用 5why 方法对问题进行分析（见表 4-10）。这种方法帮助大野找到了故障产生的根本原因，从而提出了创新性的解决方案。另外一个经典的例子就是杰佛逊大厦的墙壁问题，经过层层追问，最终得到的解决方案其实是一个非常简单的操作。

表 4-10　5why 分析的经典实例

问&答		可能的解决方案
问：	为什么机器停了？	
答：	保险丝断了	
问：	为什么保险丝断了？	
答：	因为超过了负荷	
问：	为什么超过了负荷？	
答：	因为轴承的润滑不够	
问：	为什么润滑不够？	
答：	因为润滑泵吸不上油来	
问：	为什么吸不上油来？	
答：	因为油泵轴磨损、松动了	
问：	为什么磨损了呢？	
答：	因为没有安装过滤器，混进了铁屑等杂质	在油泵上安装过滤器

2. 某家公司销售部门发现其销售额下降分析案例

图 4-14 是某公司销售分析的鱼骨图。通过对鱼骨图的分析，我们可以得出缺乏专业销售培训、缺乏客户关系管理系统和缺乏公司品牌形象宣传等问题是导致销售额下降的根本原因。因此，团队可以通过提供更多的培训、购买适当的销售管理系统以及加大公司品牌形象宣传等措施解决问题，并制订销售计划，全面考虑市场需求和竞争对手情况，通过完善销售过程和管理提高销售人员的效率，从而提高销售额。

以上案例清晰地展现了如何利用鱼骨图分析问题，通过对问题根本原因的分析得出解决方案。通过鱼骨图，团队可以充分利用彼此的经验和知识更好地解决问题并提高工作效率。

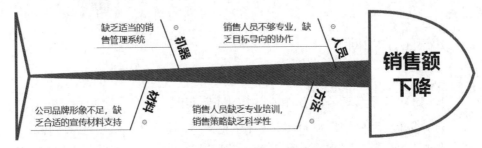

图 4-14　某公司销售分析鱼骨图

3. 某汽车零部件制造公司发现其产品存在零件裂纹问题分析案例

图 4-15 是某家汽车零部件制造公司产品零部件裂纹分析的鱼骨图。通过对鱼骨图的分析，我们可以得出缺乏明确的操作规范或流程标准、机器老化、使用的原材料存在质量问题、缺乏必要的培训和经验以及环境存在问题是导致零部件存在裂纹的根本原因。因此，制造公司可以通过加强培训、更新设备、改进原材料采购、完善生产标准规范等措施解决问题，并保持生产场所的洁净卫生，从而提高零部件质量。

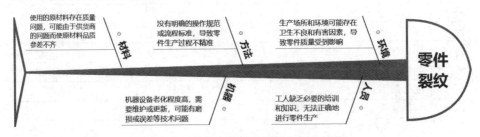

图 4-15　某汽车零部件裂纹分析鱼骨图

4.7　因果链分析

4.7.1　方法概述

因果链分析是一种可以全面识别工程系统缺陷的分析工具。与功能分析不同的是，因果链分析可以揭示隐藏在初始缺陷背后的各种缺陷。对于每个初始缺陷，通过多次问"为什么会存在这个缺陷？"可以得到一系列原因，将这些原因连接起来，就像一条条链条，因此称为因果链分析。

因果链分析扩展了对各种缺陷的研究，揭示了导致这些缺陷的根本原因。

根本原因与结果之间存在的一系列因果关系，构成一条或多条因果关系链，因果链分析就是通过构建因果链指出事件发生的原因和导致的结果的分析方法，通过因果链分析，我们可以找到许多缺陷，其中一些较容易解决，而其他一些则极具挑战。因此，我们可以选择以较容易解决的缺陷为切入点解决问题。因此，我们找到的缺陷越多，可选择的解决方法就越多。

4.7.2 使用说明

因果链与功能分析是密切相关的。通过功能分析，我们可以确定各个组件之间的功能以及在实现功能时出现的不足或缺陷，即功能缺陷。这些缺陷可能阻碍了系统达到设计目标或满足用户的需求。功能分析中发现的功能缺陷可以作为因果链分析的已知条件（输入条件），即因果链分析的初始缺陷（表面缺点）成为问题解决的起点（见图 4-16）。

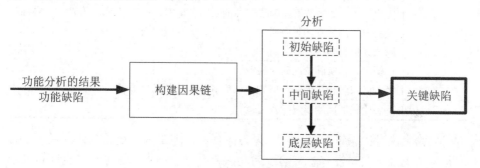

图 4-16 系统缺陷示意图

在实际工程项目中，没有现代 TRIZ 理论背景的工程师往往会极力解决初始缺陷，但往往经过多次努力也难以取得满意的结果。对于问题进行全面深入的分析，找到隐藏在初始问题背后的深层次缺陷，然后针对底层关键缺陷采取措施或预防手段是明智的做法。

从问题的根本原因出发，分析缺陷的引发因素，以提出改进和创新的解决方案。因果链分析可以进一步深入研究和解决这些功能缺陷的根本原因。从初始问题（缺陷）开始，分析其影响因素，得出中间缺陷，并继续挖掘下一层级的影响因素，直到末端缺陷。

随着持续的追问，可能会发现已找到的原因背后还有其他因素在起作用。这种追问持续下去，直到物理、化学、生物或几何等领域的极限为止。对于社会系统问题，追问可能会延伸到生理学、心理学、伦理学等领域。

4.7.3 使用步骤

因果链分析的基本步骤如表 4-11 所示。

表 4-11 因果链分析步骤简表

步　骤	主　要　内　容
1	列出项目的反面或者根据项目的实际情况列出需要解决的初始缺陷
2	根据寻找中间缺陷的规则，对每一个缺陷逐级列出造成该缺陷所有的直接原因。中间缺陷既是导致上一层缺陷的原因，又是造成下一层缺陷的结果
3	将同一层级的缺陷用 and 或 or 运算符连接起来
4	重复第 2、3 步，依次查找造成本层缺陷的下一层直接原因（中间缺陷），直到末端缺陷
5	检查前面分析问题的工具所寻找出来的功能缺陷及流缺陷是否全部包含在因果链中，如果有不在因果链中的，则有可能是被遗漏了，需要进一步判断是否需要添加，如果有必要，则添加，如果没必要，即与初始缺陷不相关，则需要说明理由
6	根据项目的实际情况确定关键缺陷
7	将关键缺陷转化为关键问题，然后寻找可能的解决方案
8	从各个关键问题出发挖掘可能存在的矛盾

理论上说，因果链分析可以是无穷无尽的，但当我们在做具体项目时，无穷无尽地挖掘下去是没有意义的，因此需要有一个终点，这个终点也就是末端缺陷或底层缺陷。当我们达到如表 4-12 所示的情况时，就可以结束因果链分析。

表 4-12 因果链分析终止条件简表

需　要	终　止　条　件
1	达到物理、化学、生物或者几何等领域的极限时
2	达到自然现象时
3	达到法规、国家或行业标准等的限制时
4	不能继续找到下一层原因时
5	达到成本的极限或人的本性时
6	根据项目的具体情况，继续深挖下去就会变得与本项目无关时

4.7.4 应用实例

下面用椅子腿划伤地面问题进行初始缺陷的因果链分析（见图 4-17）。

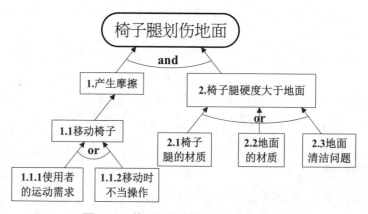

图 4-17　椅子划伤地面的因果链分析图

1．问题描述

在前面对椅子进行了功能分析，得出了其中一个初始缺陷，就是椅子腿会划伤地面。将这个功能缺陷作为因果链分析的输入，进一步找到中间缺陷和底层缺陷，进而分析出关键缺陷，找到解决问题的方法。

2．初始缺陷

椅子腿会划伤地面，我们希望椅子腿不划伤地面，所以椅子腿会划伤地面就是初始缺陷。

3．寻找中间缺陷

哪些因素会导致椅子腿划伤地面呢？椅子腿划伤地面的初始缺陷可以由两个中间缺陷共同造成，即产生摩擦和椅子腿硬度大于地面。这两者间存在 and 关系，说明两个因素的共同存在是导致问题发生的关键。中间缺陷 1 的因素是移动椅子，可能导致摩擦。导致中间缺陷 1 的因素又有两个，即使用者的运动需求和移动时的不当操作，它们之间存在 or 关系，说明其中任何一个因素的存在都可能导致椅子腿和地面之间产生摩擦。中间缺陷 2 的因素包括椅子腿的材质、地面的材质和地面清洁问题。这三者之间存在 or 关系，说明任何一个因素都可能导致椅子腿和地面之间的硬度不匹配或产生其他问题。

底层缺陷是中间缺陷的具体表现，包括中间缺陷 1.1.1、1.1.2、2.1、2.2、2.3。

中间缺陷 1：两者之间有摩擦。

中间缺陷 2：椅子腿的硬度大于地面的硬度。

导致中间缺陷 1 的因素：移动椅子。

中间缺陷 1.1：移动椅子。

导致中间缺陷 1.1 的因素：1.1.1 使用者的运动需求和 1.1.2 移动时的不当操作。

导致中间缺陷 2 的因素：2.1 椅子腿的材质、2.2 地面的材质和 2.3 地面清洁问题。

中间缺陷 2.1：椅子腿的材质。

中间缺陷 2.2：地面的材质。

中间缺陷 2.3：地面清洁问题。

4．确定相互关系

中间缺陷 1 和中间缺陷 2 之间的关系：and 关系。

中间缺陷 1.1 中的因素之间的关系：or 关系。

中间缺陷 2.1、2.2、2.3 之间的关系：or 关系。

5．确定关键缺陷

根据项目实际情况确定关键缺陷中的每一个缺陷都有可能是解决初始缺陷的突破口，值得我们尝试。根据项目的实际情况，我们可以确定关键缺陷。

6．寻找解决方案

将关键缺陷转化为关键问题，并寻找可能的解决方案（见表 4-13）。

表 4-13　椅子问题因果链分析结果简表

序　号	关 键 缺 陷	关 键 问 题	可能解决方案	矛 盾 描 述
1	椅子腿的材质	椅子腿的材质过于硬或有锐利的边缘，容易划伤地面	更换或改进椅子腿的材质，选择柔软的材质或添加保护措施，可以减少对地面的损伤	无
2	地面的材质	某些地面类型（如木质地板）更容易受到划伤	考虑在地面上使用地毯或垫子，以避免椅子腿与地面的直接接触	无
3	地面清洁问题	地面有尘土、沙粒等颗粒物，它们会增加与椅子腿之间的摩擦，并增加划伤地面的风险	保持地面清洁，定期清扫地面，防止颗粒物的积聚，可以减少划痕的发生	无
4	移动时的不当操作	粗暴地拉拽或拖动椅子，会增加刮伤地面的风险	抬起椅子移动，避免椅子与地面直接接触	无

4.8 小 结

定义问题的结果是找到靶心，确定矛盾，并将其转化为最终理想解，以终为始，作为创意构思的出发点。本章主要介绍了最终理想解问卷、STC 算子、利益相关者地图、资源分析 9 宫格、系统功能分析、因果分析、因果链分析 7 种方法，既适合社会学问题的分析，也适合工程学问题的分析。

第5章　创意构思与最终理想解

　　本章是系统性创新设计思维流程的第三步（见图 5-1）——创意构思阶段。创意构思的过程就是思维整合的过程。创意构思的过程就是思维发散和思维收敛的反复循环的整合过程。创意构思是创新过程的转折点。创意构思的过程就是现实矛盾与最终理想解的连接过程，就是可能与不可能相融合的思维试验的过程，就是思维发散与思维收敛的整合过程，就是分析与综合的整合过程，就是有无相互连接的过程，就是 0 和∞在数轴上连接的过程，就是思维光谱在黑白之间的灰色连接，就是时空坐标系中离散单元有序整合的过程，就是时空坐标系中离散单元有意义排列的过程。创意是基于最终理想解形成概念方案的过程。

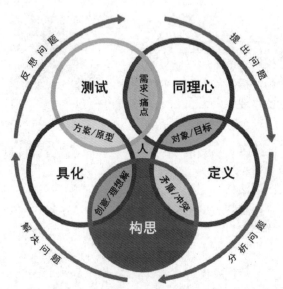

图 5-1　系统性创新设计思维流程第三步：创意构思

　　在明确问题的核心矛盾冲突的基础上，创意的产生需要外界刺激的激发，已经确定的矛盾、最终理想解等就是创意的起点，但由于问题难度或复杂程度的不同，还需要一些创意激发器来促进创意的产生、结晶和可视化，进而提出解决问题的概念方案。

我们将能够激发创意的单元或系统称为创意触发器。创意触发器分为系统型和单元型两种。

系统型创意触发器主要由一系列单元型创意触发器组成的整体来激发设计师产生创意。如 40 个发明原理、76 个物场标准解、N 个科学效应等都可以成为头脑风暴的创意触发器，其中的每个概念都是大脑创意的触发点。本章的前半部分（5.1～5.6 节）将详细介绍试错法、剪裁、功能导向搜索、40 个发明原理、76 个物场标准解和 N 个科学效应等系统型创意触发器。

单元型创意触发器主要由单一元素或事件激发设计师的思考，从而产生新创意，如头脑风暴。本章的后半部分（5.7～5.15 节）将详细介绍头脑风暴法、635 法、讲故事法、双气泡、桥图、拼图游戏和找不同等方法。

系统型和单元型触发器的结合将会提高创意构思的效果和效率。

5.1　试　错　法

5.1.1　方法概述

试错法是寻找创意的常用方法。阿奇舒勒在《创新算法》一书中对试错法进行了深入的讨论，摘录如下。

阿齐舒勒以艾格罗夫发明线圈的思考过程为例（详细案例见本节应用实例部分），阐释试错的创新路经（见图 5-2）。首先寻找答案是随机的，正如心理学家所说的，通过"试错法"，终于有个想法冒出来："如果我们这样做会怎么样？"接着就是对这个想法进行理论和实践的测试。一个不成功的想法被另一个不成功的想法代替，然后继续做下去，直到找到成功的答案。

发明家要从"问题"点出发（如图 5-2 中的"问题"），到达"答案"点（如图 5-2 中的"答案"点）。而后者的位置基本上是未知的。发明家沿着某个方向（假设是图 5-2 中的路径 5）形成一个搜寻概念（假设这个概念是"我决定试试钟摆"）。对问题的进攻就从这个方向（假设是图 5-2 中的路径 5）开始，沿着路径 5，发明家开始思考，"如果我们这样做会怎样？""如果我们那样做会怎样？"在经历一番尝试之后，发现整个概念明显是错的，于是得出结论：钟摆不是个好办法。

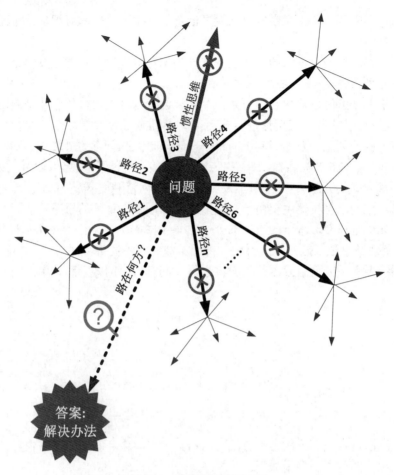

图 5-2　试错法原理示意图

　　然后，发明家又回到最初的问题，引入一个新的搜索概念（假设是路径3）："一个主意出现在我的脑海里，用压缩空气代替钟摆来绕线。"设计师又开始了一系列新的进攻。

　　现实中的创新需要的尝试次数会更多。艾格罗夫的第一个模型（用钟摆绕线）用了300多次的尝试。使用试错法进行创新，尝试的次数会很多，需要几千甚至上万次的尝试，"如果……会怎样"，才能找到一个满意的答案。读者可以试试用试错法求解 $5x^2+13x+7=0$ 的解，尝试一下试错法的次数，再试试用求根公式快速求解。

　　试错法还有另外一个显著的特征。在图 5-2 中，某个路径（如图 5-2 中惯性思维的方向）与答案的方向是相反的。这并非偶然。通常，最初的尝试并不像表面上看起来那样混乱，发明家从过去的经验出发寻找答案。艾格罗夫发明电话电感线圈的绕线机器，当他开始解决新问题的时候，他的大脑立刻转向以前的经验："需要绕线轴，不过这个轴很小，或者一根穿着线的细针也可以。"
几乎所有与针有关的尝试都不成功。如图 5-2 中的惯性思维方向所示，从问题
一开始，惯性思维的初始趋势就背离了答案的方向。当发明家最终放弃用绕线
这个概念后，发明的主要步骤才完成。

综合来说，试错法的一些特点如下。

发明家的思路是从一个已知概念转移到一个未知的概念。发明家以现有的
装置作为原型进行修改，产生了许多不成功的方案。同样的事情也发生在艾格
罗夫身上，惯性思维总是在误导他。

发明家被迫选择一条完全不同的道路（跨学科），以便找到正确的答案。
开始他并不知道这条路，他可以从逻辑上自信地解释他是怎样踏上这条路的：
从一个不成功的想法到另一个想法。突然，路到尽头了。没有逻辑的解释，只
有毫无意义的自言自语："进一步思考把我引向……"艾格罗夫同样不能解释
为什么没有早点想出好主意。

尽管最终方案很成功，但是发明家的搜寻之路是漫长的，是不理想的。从
长期的历史阶段来看，发明的出现要受到某些进化规律的制约。比如，蒸汽轮
船不能比蒸汽引擎的发明出现得早，蒸汽引擎不能在需求出现之前出现。不过，
创新总是毫无缘由地姗姗来迟，创新的客观条件已经存在，但是创新却没有
出现。

5.1.2　使用说明

本节主要以实例剖析的形式说明惯性思维在试错法中的作用。

阿齐舒勒在《创新算法》中介绍了苏联光学仪器制造商马克苏托夫发明望
远镜透镜镜头的故事，用于说明惯性思维在解决复杂问题过程中的影响。

阿齐舒勒评述如下：

第二次世界大战之前，列宁格勒的光学仪器制造商马克苏托夫致力于开发
教学用的望远镜。他的目标是开发一种简单、便宜、高质量的设备，以便在恶
劣的课堂环境中使用。已有的望远镜既复杂又昂贵，需要小心操作，而且所有
简化望远镜和降低成本的努力都会导致光学效果的降低。这两种特征完全不相
容，马克苏托夫不能同时把它们结合起来。

马克苏托夫在他的《天文光学》中写道：

在撤离列宁格勒期间，我于 1941 年 8 月初发明了透镜望远镜。我离开了列
宁格勒，把自己花了半辈子心血制作的校用望远镜生产线留在了那里。我怀疑
自己的发明能否成功，仿佛看到了我的"孩子"的悲惨结局。其间我发现，自

己除了思考最感兴趣的这个题目之外无所事事，这对整天忙碌的我来说是很少见的。

我设计的望远镜反射器中，一切都是正确的吗？不，特别是镀铝的镜子质量下降很快：反射器位于开放的镜筒中，不能在学校的环境中长时间使用。即使护工只是擦拭一次镜子上的灰尘，它就毁了。能用玻璃罩盖着镜子吗？当然可以，这会保护镜子。用什么材料做玻璃罩子呢？普通玻璃便宜，但吸收光线太多了。光学玻璃会好很多，但也贵很多。

我如何才能改善这个设计？似乎只有一个答案：在镜筒前面安装一个与镜面平行的保护玻璃窗，这让设计变得很复杂。安装这样一个光学玻璃窗，会显著增加望远镜系统的成本。

阿齐舒勒评述如下：

发明家思考了这个问题很多年。每次他都要面对这样的现实：普通玻璃不够好，光学玻璃又太贵。有一次乘火车时，马克苏托夫说自己在做白日梦，换句话说，他从自己的"惯性思维"中走出来，审视以前认为不合适的方法。他打开了幻想的翅膀，允许自己想象如下的情形：假设光学玻璃变得非常便宜，就可以用它做反射器的保护窗，来密封望远镜。这会带来什么结果？当然了，首先镜子的寿命会延长。他继续下去，发现保护玻璃还有另外的好处。

马克苏托夫写道：

密封的镜筒另有好处：消除了对流的空气。只要在玻璃上钻一个孔，把镜框的连接杆放进去，就可以把对角镜连到玻璃窗上。这样就可以去掉支撑镜子的框架，因为框架会吸收光线，增加额外干扰。

阿齐舒勒评述如下：

就是在这里，马克苏托夫迈出了发明的第一步。光学玻璃原本有不可避免的缺陷，"但是这没关系，"马克苏托夫说，"我们就用光学玻璃。既然这里必须用玻璃，那么为什么不可以从中得到其他好处，作为补偿呢？"

仅仅做这样的陈述已经足够。任何人，即使不是专家，只要了解望远镜的构造，现在都能够找到正确答案。应该在望远镜的入口处放一个平面镜（副镜），这面镜子能把主镜的光线反射入观察者的眼睛。原来支撑副镜的装置吸收了很多光线，现在它能直接连到保护玻璃窗上。

他的思路往前走得更远：为什么不把保护玻璃窗做成透镜的形状，而做成平面盘形呢？这样的话，镀铝的中心区域就可以作为副镜，不仅可以去掉副镜的机械定位装置，而且副镜本身也没了。副镜的功能现在由保护玻璃窗的中心部分实现。

马克苏托夫写道：

这个设计很好，副镜没有框架，因此偏差也会最小化。但是又出现了另一个担心：这个透镜镜头会导致光学失真吗？可能会，但不是像差，而是同时有正的和反的球面像差。

这里我几乎错过了一个重要发现：透镜可以设计成没有失真的。

阿齐舒勒评述如下：

请仔细阅读下面几行。发明家克服了两个障碍，第一个障碍是保护玻璃窗只能由昂贵的光学玻璃制成，后来才清楚，玻璃的高成本，可以由它所提供的额外功能补偿，这样就没有必要跳过这个障碍，只要简单地绕过去就行。

现在，发明家碰到了第二个障碍，需要消除透镜造成的失真。现在是使用我们新发现的"补偿"概念的时候了。就让镜头像差留在那儿，它只不过是另一个不可避免的缺陷，我们能够补偿这个缺陷，从中提取有用的东西，而不是去掉它。

这个例子中，试错法的弱点非常明显。起初，方法好像很混乱，其实不然，它是有章可循的。尝试总是沿着阻力最小的方向进行，毕竟沿着熟悉的方向前进要容易得多。发明家下意识地遵循同样的路径，因此他没有任何机会发现新东西。跳过障碍只是在重复同样的努力。就像我们刚学到的，其实不必跳过去，只要绕过去就行了。

于是第二个障碍同样用补偿的方法克服了。透镜镜头会让光线变形，发明家知道没有必要去对付这种变形。相反，最好能利用这种变形补偿主反射镜在制造过程中产生的变形。

制造抛物面反射镜既复杂又费力。马克苏托夫的发明让我们可以用易于制造的球面镜取代抛物面镜。最初不可能用球面镜，因为它会造成视觉变形，现在可以用透镜产生的变形补偿反射镜的变形。光学上不完美的反射镜和一个不完美的透镜组合在一起，就是一个完美的光学系统！

马克苏托夫写道：

对透镜系统进行理论研究，了解了它的优点，这时，我情不自禁地想起了光学工业发展的历史，其道路崎岖不平。在反射镜和折射镜提倡者的战斗中，有多少人折戟沉沙？不断研究完善制造精确球面的方法浪费了多少精力？而且因为要解决消除像差的玻璃的问题，制造了多少最终被扔掉的燧石玻璃？还有其他复杂又耗力的玻璃？最后又建了多少昂贵、笨重、不完美的望远镜（以及同样笨重、昂贵的机械装置和有巨大旋转圆屋顶的建筑物）？

在天文光学发展的初期，如果我们知道了补偿透镜这个简单的概念（它在笛卡儿和牛顿时代就可用了），那么天文光学就会向全新的方向发展。只需简单地使用一种光学玻璃，就可以开发出消除像差的球面短焦距光学望远镜，而不用考虑它们的属性。

阿齐舒勒评述如下：

在这个案例中，发明迟到了 250～300 年。

这个发明的命运是什么？

在建好望远镜之后，马克苏托夫又决定开发透镜显微镜、双目望远镜，以及其他光学仪器。在光学领域内，马克苏托夫的概念只用于解决与这个问题类似的任务。如果这个问题的领域略有不同，它就没法解决或者人们会尝试去解决，但会走马克苏托夫的老路：试错法。

马克苏托夫的发明包含的最重要的想法是：接受以前不可接受的想法，然后补偿它。在许多没有解决的问题中，有一些就可以用补偿法解决，不过补偿法还没有被广为人知。透镜望远镜被提到过上百次，但从没有文献说："这是一个解决不同创新问题的成功方法，它不仅可以用于光学行业，还可以用于其他行业。"

5.1.3　使用步骤

试错法的思维流程大致如下：

（1）首先是遇到一个难题或复杂现象。

（2）然后利用各种方法对问题进行观察、测量、分析。

（3）直至找到其中的主要矛盾和矛盾的主要方面。

（4）结合相应的理论或技术方法，按照一定的前提条件和预期结果，提出解决方案。

（5）然后进行试验，检验和验证解决方案的合理性和有效性。

（6）如果达到预期的前提条件和预期结果，则证明该解决方案是合理有效的。

（7）如果不符合预期的前提条件和预期结果，则返回难题或复杂现象本身，重复上述过程，修改前提条件或预期结果或解决方案，反复迭代，直至问题得到合理解决。

这个过程就是通常所说的科学思维方法：面对一个问题，提出假设（前提条件、预期结果、判断标准），然后检验，判断结果是否符合假设（预期结果），即提出问题、分析问题、解决问题、反思问题。

5.1.4　应用实例

阿奇舒勒在《创新算法》一书中详细介绍了一个试错法案例，摘录如下。

苏联一位叫艾格罗夫的发明家详细地介绍了他发明一种绕线装置的思考过程（整个故事的背景大致在 20 世纪五六十年代）。

艾格罗夫陈述问题如下：

一台大型计算机有几千个细小的环形变压器。每个变压器的中心孔径都是 2mm。通过这个孔，要缠绕比头发丝还细的线。线的真丝绝缘层很容易破碎，因此，必须手工绕制。

阿奇舒勒评述如下：

问题很清楚：如何快速准确地把绝缘线绕到铁芯上？此前几年艾格罗夫成功解决了一个类似的问题。那个问题是要求电话上的电感线圈实现机械化绕线操作。乍一看，这两个问题很相像：两个问题都有一个环，线必须绕到环上去。只不过在这个新问题中的小铁环比电话的电感线圈上的小铁环明显小很多。这一点从根本上改变了问题的性质。

问题描述：如何自动、快速、准确地把绝缘线绕到铁芯上？

成功解决类似问题的经验：电话上的电感线圈实现机械化绕线操作。

分析：

（1）两个问题的共同点——将线绕到一个环上。

（2）两个问题的不同点——环的尺寸不一样。

结论：由于两个问题有不同点，问题的性质变了。

下面以对话的形式展现阿奇舒勒对整个问题的思考过程的分析，如表 5-1 所示。

表 5-1 问题思考过程

序　号	艾格罗夫的发明思考过程	阿奇舒勒评述&问题解析
1	我得承认，刚开始这个问题看起来并不复杂，不过，进一步分析后，我的观点变了：绕线的环的直径只有 2mm，这是非常困难的 绕轴 线圈成型后，再绕线 环 绝缘线 绕轴象一根带线的针	苏联 BSEM-2 计算机系统中用的铁磁线圈 K-28 和它的尺寸相似——外径 3.1mm，内径 2.0mm，壁厚 1.2mm，BSEM-2 的存储装置用的线圈甚至更小。这些线圈也是用绕轴手工绕线的。环的截面形状并不重要，可以是长方形、正方形或者圆形。如果这个线圈由 2 个分开的 C 形半圆组成，问题就简单一些。但是，铁磁线圈是通过粉末冶金工艺制造出来的，粉末被压缩之后高温烘焙定型。任何绕线都不能承受这样的高温高压。因此，必须在线圈成型之后才能绕线
		难点：线圈成型之后再绕线

序　号	艾格罗夫的发明思考过程	阿奇舒勒评述&问题解析
2	绕轴应为多大？绕轴两头的开叉又应为多大？我很快明白，在第一个设备上绕线的绕轴不能用在这里，这里的绕轴太小，问题变得很复杂。不用绕轴绕线，能否发现一种全新的绕线方法呢？那会是什么方法？	说明："第一个设备"是指艾格罗夫之前发明的电话上的电感线圈机械化绕线发明 分析——路径1：类似经验不适用，尝试失败
3	也许，可以用钟摆？我请教过很多朋友，有人提出这样的想法。于是我决定试试用钟摆解决这个问题。方法很简单，有两个钟摆，线圈位于它们的中间。右边的钟摆有一根带线的针，针穿过线圈后，带着线到达左边的钟摆。线圈向上一拉，针带着线从线圈的下面又回到右边的钟摆，如此循环往复。很简单，没有绕轴也行	艾格罗夫制作了一个样机模型，但结果并不令人满意：只有当针到达极限位置时线才能拉紧；线在运动中很松弛，造成线绕得不均匀 存在问题：线绕在线圈上需要拉紧，使绕线均匀，但在钟摆方式下，线很松弛，达不到效果 分析——路径2：同伴经验，尝试失败
4	重新开始，加倍努力！首先尝试改变钟摆的位置，接着再改变线圈的位置，最后改变钟摆的摆动。这些都没有用，线还是很松弛。经过300多次试验后，我最终得出结论：钟摆不是个好办法	分析——在路径2的基础上，进行局部改进（调整钟摆或线圈位置、钟摆的摆动），尝试失败
5	此时，我很清楚，应该寻找一种新方法。但是哪一个呢？我分析了几种不同的办法。一个主意出现在我的脑海里：用压缩空气代替钟摆绕线，空气推动针穿过线圈	艾格罗夫制作了另外一个试验模型，但是压缩空气也不行，绕线还是松弛的 分析——路径3：空气压缩，尝试失败
6	突然，一个想法冒出来：用线绕环这个想法整个就是错的。因为认为针必须穿过环，而正是针的运动导致线变得松弛，因此，绝对不可以用针。得寻找一种全新的方法	艾格罗夫继续思考这个问题。有一天他正在乘火车，突然想到一个好主意 分析——持续思考，寻找

序　号	艾格罗夫的发明思考过程	阿奇舒勒评述&问题解析
7	当时我坐在长椅上，环顾四周，我的目光落在一位正在编织帽子的老太太身上。她手里拿着钩针，移动手指，钩出一个又一个线圈，我盯着她的手，在脑海里重复她的动作。一个线圈又一个线圈……钩针不停地移动：不是在老太太的手里，而是在我的机器上。如果在我的机器上把绕轴和钟摆换成钩针会怎么样？钩针带着线穿过环。弹簧能把线拉紧。我拿出一根针和线，把针变为钩针，尝试着重复老太太一个接一个的手势。简直不能相信，这个简单的钩针，隐藏着绕线机器的秘密！现在线绕得很完美。这正是我搜寻了很久的方法——钩针可以把线紧紧地绕在线圈上	绕线机器就这样诞生了。 艾格罗夫的发明很好地解决了为铁磁线圈绕线的问题。 条件：环的内径不小于 2mm。 分析——持续思考，观察，期待灵感突现 问题延伸： （1）小型设备组要的变压器越来越小，线圈也越来越小（如：内径为0.5mm），跟以前一样，绕线的工作也只能靠手工完成，如何能实现这个过程的自动化？ （2）线圈圈数依赖于变压器的设计，因此它会改变。环形变压器有几百圈，而计算机的存储器线圈只有两三圈。假设我们需要绕 20 圈线。 （3）这是个实际问题，不能改变问题本身，就是说不能完全去掉铁磁线圈。 （4）只要能提高生产率，任何方案都可以，因为计算机存储器要使用数百万个这样的变压器

5.2　剪　　裁

5.2.1　方法概述

剪裁是一种现代 TRIZ 理论中分析问题的工具，是指将一个或一个以上的组件去掉，而将其所执行的有用功能利用系统或超系统中的剩余组件替代的方法（见图 5-3）。换句话说，剪裁通过"教会"系统或超系统的其他组件执行被剪裁组件的有用功能的方式保留系统的功能。剪裁后的工程系统成本更低，更加简洁，可靠性也可以提高。工程系统的价值也可以相应提高。

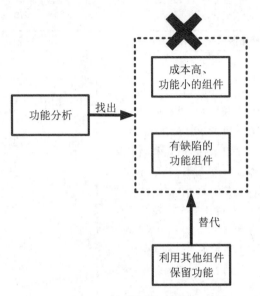

图 5-3　剪裁分析示意图

　　工程系统中的哪些组件是可以被剪裁的？又该如何进行剪裁呢？这就和第 4 章中提及的 TRIZ 理论中的其他的问题识别工具有关了，比如通过功能分析得到了功能—成本图，找出了成本高且功能小的组件，或者找出了存在缺陷的组件，这些组件是可以考虑剪裁的。

　　在前面的功能分析中，我们对椅子进行了功能分析，下面继续以椅子这个工程系统说明什么是剪裁。在第 3 章中，我们已经画出了椅子的功能模型图，在这个系统中，椅子腿存在功能缺陷——划伤地面，因此，我们考虑将"椅子腿"去掉，如图 5-4 所示。

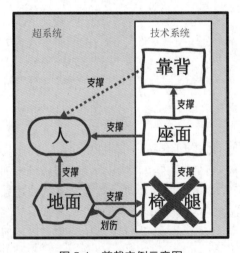

图 5-4　剪裁实例示意图

在功能模型中，椅子腿执行的功能是支撑座面，将椅子腿去掉后，如何实现支撑座面的功能呢？什么剩余组件可以执行椅子腿的功能呢（优先选择系统组件）？可以看到，可以选用的系统组件就是座面，座面自己支撑自己是没有问题的，只需要将座面加厚，使其起到足以支撑人的功能。

5.2.2 使用说明

理想情况下，剪裁的方法需要有一个完整的功能分析结果作为起点。一般是在系统的功能模型建立以后才引入剪裁工具.剪裁工具的基本原理非常简单，就是消除系统中的多余元素。

剪裁的方法选择的建议如下（摘自孙永伟《TRIZ：打开创新之门的金钥匙》）。

（1）为最大程度地改善工程系统，剪裁那些剪裁后对系统改善最大或有多个缺点的组件（成本也可以作为缺点之一）。

（2）为方便降低成本和改进剩余组件，剪裁掉具有较低的价值的组件。这样做的理由是一些不太重要的功能可以在剩余组件中很容易地重新分配，而无须对工程系统进行重大的变动。

（3）剪裁的程度可以是激进的（技术系统的主要组件被剪裁）或者渐进式的（有对工程系统做较小改变的限制）。事实上，从激进式剪裁到渐进式剪裁之间可能有多种不同的剪裁情形。如果需要渐进式创新，则可以选择比较保守的剪裁，即剪裁掉少量或者一些不重要的组件。如果需要激进式（或破坏性）创新，即剪裁掉多个组件或工程系统中的重要组件，那么对原有的工程系统改变比较大，大到可以从根本上改变工程系统。如果项目允许，可优先对工程系统实施更加激进的剪裁，使系统变化较大。

（4）如果无法对被剪裁组件的功能进行再分配，则不能剪裁掉该组件。需要注意的是，剪裁的程度取决于项目的商业和技术的限制。这些限制决定了可以被剪裁的组件。如果条件允许，首先选择最激进的剪裁，这可能会使原工程系统产生重大的改进。如果不允许对系统有比较大的改变，则可以选择渐进式的剪裁方案。

5.2.3 使用步骤

剪裁工具的使用可以从一系列问题开始（摘自达雷尔·曼恩《系统性创新手册》）。利用这些问题，引导我们思考，确定哪些元素可以被真正剪裁掉。表 5-2 中的 6 个问题是按照自上而下的顺序设计的。因此，任何一个考虑剪裁的元素，都应从表中的第一个问题开始，依次与表中的其他问题进行比较。针对这 6 个问题，如果获得了正面回答，就可以确定裁减这个元素的可能性。这 6 个问题的顺序很重要，如果我们是基于第 1 个问题进行剪裁的，那么我们获得的方案要比基于第 2 个问题获得的方案更理想，同理，基于第 2 个问题获得的方案比基于第 3 个问题获得的方案更理想，以此类推。

表 5-2　剪裁工具使用的 6 个问题

（1）我们是否真的需要由这个（些）元素执行的有用功能？ （2）系统中的其他任何一个元素能代替执行这个（些）有用功能吗？ （3）我们可以通过修正其他任何一个元素执行这个（些）有用功能吗？ （4）系统周围是否存在某个元素或者资源能够执行这个（些）有用功能？ （5）系统周围是否存在某个元素或者资源，通过修正它（它们）可以执行这个（些）有用功能？ （6）我们能通过其他元素或者资源的组合执行这个（些）有用功能吗？

问题（1）：我们是否真的需要由这个（些）元素执行的有用功能？

第 1 个问题很重要。我们试图删除一个特定元素，那么这个元素或其属性与其他元素或其属性之间的所有有用功能的连接都会消失。问题是系统是不是真正需要这个（些）有用功能。

问题（2）：其他任何一个元素可以代替它执行这个（些）有用功能吗？

在这里，我们需要仔细地考察功能模型中已经存在的其他元素，当我们剪裁掉当前考虑的元素时，看其他元素是否可以执行我们即将失去的有用功能。这里暗含的假设是，在第 1 个问题中，我们已经确定我们确实需要这个功能。那么在这个系统中寻找可以执行该功能的替代元素最好从与这个剪裁部分关系最紧密的元素开始，然后逐步扩大到模型的边界。

问题（3）：我们能够通过修正其他任何一个元素执行这个（些）有用功能吗？

如果目前不能运用系统中的其他元素实现这个功能，那么第三个问题让我们考虑这样一种可能性，修改一个元素以便它能执行我们所需要的功能。

问题（4）：系统周围是否存在某个元素或者资源能够执行这个（些）有用功能？

这个问题与问题（2）类似，但进行了扩展，使其去探索在功能模型中的其他元素。根据我们对资源的定义，这个问题提供了从元素或资源这两个新的角度识别系统中已经存在的一些事物，这些事物将帮助传递我们需要的功能。

问题（5）：系统周围是否存在某个元素或者资源，通过修正它（它们）可以执行这个（些）有用功能？

这个问题比前一个问题更深入地研究了外部元素或资源中尚未开发的进化潜力，以了解使用其中的任何一个元素是否有助于执行这个（些）功能。

问题（6）：我们能通过其他元素或者资源的组合执行这个（些）有用功能吗？

这个问题要求我们认真思考前五个问题中所产生的可能性，其任何内容组合起来是否能提供我们需要的功能。

5.2.4 应用实例

我们举一个例子进一步详细说明剪裁的应用。比如：我们将杯子看成一个工程系统，如图 5-5（a）所示，通过功能分析，我们得出了它的功能模型，如图 5-5（b）所示。

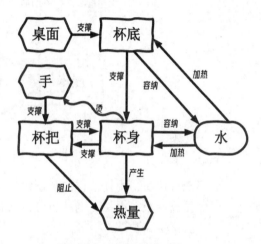

（a）杯子功能实物图 　　　　　（b）杯子功能分析模型图（1）

图 5-5　杯子功能分析示意图

在这个系统中，杯把为加工制造了麻烦，而且给包装、运输、存储都带来了麻烦，因此，我们需要想办法将杯把去掉，如图 5-6 所示。

由于水加热杯身，导致杯身外表面的温度过高，如果没有杯把，手接触杯身时会被烫伤，而杯把可以阻止杯身产生的热量传递到人的手上。

在图 5-6 所示的杯子的功能模型中，杯把执行了一定的功能。杯把的有用功能是支撑杯身和阻止热量传导到手上，如图 5-7 所示。

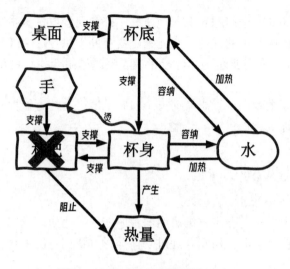

图 5-6　杯子功能分析模型图（2）

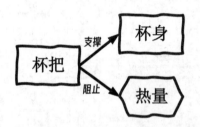

图 5-7　杯把的有用功能

但杯把去掉后，用什么样的剩余组件执行杯把的功能呢？这里需要注意的是，要优先选择系统组件，当然也可以选择超系统组件。

1．选择杯底

这样就把杯把使用不方便的问题转变成如何用杯底执行支撑杯身和阻止杯身热量传递的问题。杯底本来已经执行了支撑杯身的功能，所以只要解决利用杯底阻止热量传递就可以了。可能的解决方案有加厚杯底或者使用双层杯底，如图 5-8 所示。

2．选择杯身

杯身支撑自身是没有问题的，我们需要做的是如何让杯身起到隔热的功能。可能的解决方案有加双层杯身或者将杯身局部加厚隔热（见图 5-8）。

3．使用超系统组件

当然，除了系统组件，我们还可以尝试用超系统的组件解决这个问题，但通常不如改变系统组件更加容易操作。比如用手这个超系统组件，解决方案之一是戴上手套；再比如桌子这个超系统组件，可能的解决方案是放置底托，如图 5-9 所示。

（a）由杯底执行阻止热量
传递的功能

（b）利用双层杯身阻止
热量传递

（c）利用局部加厚杯身阻
止热量传递

图 5-8　杯身功能示意图

（a）用手套隔热

（b）用杯托隔热

图 5-9　利用超系统组件隔热

5.3　功能导向搜索

5.3.1　方法概述

我们在利用百度或者谷歌搜索时，一般是基于关键词进行搜索的。这里要介绍的功能导向搜索，与常规的基于关键词的搜索不一样。它所搜索的是经过一般化处理过的功能化模型。对于功能的定义，我们在前面的功能分析部分已经有了非常详细的介绍。大多数时候，虽然我们期望的搜索结果是某个功能的载体，其实，我们真正需要的却是它的功能。比如，我们搜索一个灯泡，其实真正需要的是它的功能，也就是产生光。再比如，与其说我们需要一个吸尘器，不如说真正需要的是清除地面上的灰尘，也就是它的功能。

一般来说，我们运用关键词在搜索引擎中搜索时，很难突破我们所处的领域而将其他领域的解决方案搜索出来，究其原因，主要是因为我们在搜索的时候使用了术语，比如，化石复原，就会将我们限制在考古领域进行选择，找到并运用其他领域的解决方案的可能性很小。

为了解释一般化的功能，让我们先看一下几个例子（案例摘自孙永伟《TRIZ：打开创新之门的金钥匙》）。在半导体领域，有一种技术叫作蚀刻，也就是把半导体衬底表面很薄的一层材料去掉。在考古的时候，需要把古董表面的一些灰尘去掉，让古董露出它的本来面貌。在医学领域，牙科医生需要将牙齿表面的牙垢去掉，也就是洗牙。虽然在不同的领域它们所用的术语都不一样，但是如果去除这些不同领域的术语，它们一般化的功能是相同的，也就是，从物体表面去除微小的颗粒。

假如我们现在遇到这样一个问题：用什么样的方法可以高质量地擦玻璃？用功能化的语言描述就是：如何去除玻璃表面的灰尘？如果我们对这个功能进行一般化处理，也就是：从物体表面去除微小的颗粒。那么上面例子中所提到的半导体、考古、医学等领域的解决方案也可以被移植过来解决我们的问题。

5.3.2　使用说明

在解决项目问题时，往往会遇到这样一种尴尬的局面，我们希望找一种全新的解决方案，但当全新的解决方案产生时，随即会出现一个很大的疑问，即：这种解决方案是否可行？因为我们关于解决方案的背景经验有限，不太清楚这种全新的解决方案是否容易实施，因而有很大的不确定性，实施的风险也比较大。

但如果我们知道这种全新的解决方案已经在其他领域有成熟的应用，那么我们就非常容易把这种解决方案移植到我们所研究的工程系统中，以解决我们的问题。也就是说，这个解决方案在我们所研究的领域里是全新的，但在其他领域中，该解决方案已经非常成熟，已经有相当成熟的应用经验。这样，功能导向搜索就解决了一个矛盾：解决方案既是全新的，又是成熟的。

5.3.3　使用步骤

功能导向搜索的基本步骤首先是确定问题的对象目标，明确需要解决的矛盾冲突，然后在对矛盾冲突深刻理解的基础上，将其用通用参数，尤其是工程领域的数理化参数，或者社会科学领域的心理学、管理学参数，在互联网上或专利库中进行搜索，就能搜索到大量的相关信息。最后，在这些相关信息中进行筛选和分析，找到适合本问题的思路和想法。

在 TRIZ 理论中，建立了基于数理化知识的科学效应库，如果能将系统问题转化为"如何……+动词？"的形式，那么本节应用案例中的"如何在尿布上打孔？"就可以转化为"如何在薄的布料上打孔？"就可以在科学效应库中搜索到相关的信息。

5.3.4　应用实例

某日用品公司需要开发一种新型的尿布（或者卫生巾）。为了提高吸水量，需要在材料上打许多小孔，孔的数量越多，越均匀，吸水性能就越好。几种现成的解决方案均不能满足要求——采用机械打孔会使针头快速磨损；采用激光打孔，成本又太高（案例摘自孙永伟《TRIZ：打开创新之门的金钥匙》）。

如果搜索"如何在尿布上打孔"，那么将一无所获。但如果用一般化的功能的语言表述，将尿布这个术语去掉，这个问题就变成了"如何在薄的布料上打孔"。那么就会得到很多其他领域的解决方案。

其中的一个解决方案是利用航天领域的粉末枪打孔。美国国家航空航天局（NASA）为了测试航天器在太空中受高能粒子撞击后的稳定性，开发了粉末枪，其可产生高能量的微粒，让这些微粒以很高的速度打到航天器表面，使其产生微孔，然后进行进一步测试。这项技术刚好可以解决如何在尿布上打出均匀的微孔的问题。因为这个解决方案已经在 NASA 得到了充分的测试和改进，所以将该方案移植到尿布的项目上非常容易，风险很小，而且研发周期也大为缩短。

通过这个案例，我们可以感受到，虽然尿布和航天器所处的领域相去甚远，但利用功能导向搜索的方法，我们可以将一些看起来不相关领域的解决方案用于所研究的领域，从而解决该领域的技术问题。

5.4 40个发明原理

5.4.1 方法概述

在经典 TRIZ 理论形成阶段，阿奇舒勒针对大量的发明专利进行了仔细研究，发现其中只有少数专利是真正的创新。许多专利中所使用的解决方案其实早已经在其他领域中出现并被应用过了。在不同的技术领域，类似的问题和相同的解决方案被人们反复使用。

比如，方形西瓜、永不分梨酒、人形的人参果等都是运用相同的原理，即都是在水果还很小的时候就将其放在容器中，水果长大后就具备特定的形状（或者水果长在瓶子里）。虽然每个专利所解决的问题不一样，但解决这些问题所使用的原理是基本类似的，也就是说，尽管在不同领域的解决方案千差万别，但所使用的原理是基本类似的，就是这些很少的原理，被一次又一次地重复使用，从而产生了大量的发明。针对典型矛盾的典型解决方案，在大多数情况下，能够有效地解决问题。

阿奇舒勒将这些典型的解决方案进行归纳总结，并进行编号，共计 40 个，被称为 40 个发明原理。阿奇舒勒认为，如果跨领域的技术能够被更加充分地借鉴，那么就可以更容易地开发出创新的技术。同时他也认为解决发明问题的规律是客观存在的，如果掌握这些规律，那么就可以跨越领域、行业的局限，提高发明的效率，缩短发明的周期，使发明问题的解决更具有可预见性。

40 条发明原理是阿齐舒勒从大量专利的研究中提炼出来的。最初，他研究了几千份专利，发现只有少数专利提供了解决矛盾所需要的概念。于是他对专利进行了分类，把那些能够解决矛盾并应用了公认的科学概念，特别是那些应用了其他行业知识的方案定义为"聪明"的专利。据统计，"聪明"的专利约占全部专利的 20%。随后，他分析了这些专利，在 35 000 份专利中发现了 37 个概念，在 50 000 份专利中总结出 40 个概念，这就是我们所说的 40 条发明原理（卡伦·加德《TRIZ 众创思维与技法》）。

5.4.2 使用说明

TRIZ 理论中的 40 个原理实际上是解决矛盾（产生创意）的一些原理，这些原理有的是原则性的，有的是方向性的，但至少为毫无头绪的矛盾提供了一些可能的思路，引导我们沿着这个方向思考。因为这 40 个发明原理是从 50 000 份（卡伦·加德，《TRIZ 众创思维与技法》）专利中总结出来的，至今，专利分析的数量已达到数百万件，经过对近 300 万份资料的检验，其是合理有效的（达雷尔·曼恩，《系统性创新手册》），隐含其中的能够用来解决矛盾的原理，仍然是 40 条。

这 40 条发明原理犹如解决方案的一系列触发点，告诉我们如何运用世界已知的方法解决一个特殊矛盾。只要找到了矛盾，TRIZ 就能帮助我们找到相应的原理来解决它。在运用的过程中，我们首先要把相应的原理转化为实际的想法，然后利用相关的知识和经验将其转化为矛盾的实际解决方案（卡伦·加德，《TRIZ 众创思维与技法》）。

从促进创新的功能上讲，40 个发明原理犹如解决方案（创意构思）的一系列触发点。当我们能明确问题的具体矛盾后，在构思创意时，可以以这些原理为创意触发点，展开创意的构思，激发灵感。40 个创新原理与头脑风暴结合后，将会促进创意产生的效果和效率。

表 5-3 所示为 40 个发明原理的序号和内容。序号和发明原理的内容是一一对应的，顺序是固定的（摘自赵敏《TRIZ 进阶及实战》）。

表5-3　40 个发明原理与实例

序　号	名　称	指导原则	应用实例
1	分割	A. 把一个物体分成相互独立的部分。 B. 将物体分成易于组装和拆卸的部分。 C. 提高物体的分割和分散程度	A. 高音、低音音箱；分类设置的垃圾回收箱。 B. 打井钻杆；组合夹具；组合玩具；积木式手机。 C. 汽车 LED 尾灯；反装甲子母弹；加密云存储
2	抽取	A. 从系统中抽出产生负面影响的部分或属性。 B. 从物体中抽出必要的部分或属性	A. 建筑避雷针；透视与 CT 查体；安检设备。 B. 手机 SIM 卡；闪存盘；宽带网的 Wi-Fi 发射器
3	局部质量	A. 把均匀的物体结构或外部环境变成不均匀的。 B. 让物体的各个部分执行不同功能。 C. 让物体的各部分处于各自动作的最佳状态	A. 轿车座位可分别设定空调温度；模具局部淬火。 B. 电脑键盘上的每个键；软件交互操作菜单。 C. 工具箱内的凹陷格子存放不同的工具；计算器

序号	名称	指导原则	应用实例
4	不对称	A．如果是对称物体，让其变成不对称的。 B．如果是不对称物体，进一步增加其不对称性	A．USB 接口；三相电源插头；D 型插头； B．豆浆机的搅拌器刀片，上下、左右都不对称
5	组合	A．在空间上将相同或相近的物体或操作加以组合。 B．在时间上将物体或操作连续化或并列进行	A．多层玻璃组合在一起磨削；叶盘；坦克履带。 B．用生物芯片可同时化验多项血液指标；并行工程
6	多功能性	一个物体具有多用途的复合功能	瑞士军刀；水空两栖无人机；飞行汽车
7	嵌套	A．把一个物体嵌入第二个中空的物体，再将这两个物体嵌入第三个中空物体…… B．让某物体穿过另一物体的空腔	A．可收缩旅行杯；套筒式起重机；拉杆式钓鱼竿。 B．嵌入桌面的电脑显示屏；飞机起落架
8	重量补偿	A．将某一物体与另一能提供升力的物体组合，以补偿其重量。 B．通过与环境介质（利用空气动力、流体动力、浮力、弹力等）的相互作用实现重量补偿	A．用直升机为地震灾区吊运大型工程机械；用氢气球送电缆过江。 B．各种航空器/航海器；在月球车轮胎里设置球形重物，以降低月球车的重心，保持其稳定性；赛车扰流板
9	预先反作用	A．事先施加反作用，消除事后可能出现的不利因素。 B．如果一个物体处于或将处于受拉伸状态，预先施加压力	A．高速路表面的提示语预先拉伸成"横粗竖细"的瘦长方字形；公路桥预留膨胀裕量；降低期望值。 B．混凝预应力梁；矫牙器；蜗轴发动机预先轴向锁紧
10	预先作用	A．预置必要的功能、技能。 B．在方便的位置预先安置物体，使其在最适当的时机发挥作用而不浪费时间	A．有预先涂胶和预置撕扯带的快递信封。 B．高速路收费站的电子缴费（ETC）系统；水/电/燃气预缴费卡
11	事先防范	针对物体低可靠性部位（薄弱环节）设置应急措施加以补救	弹射座椅；建筑消防设施；汽车备胎；超市商品加装防盗磁扣或者做磁化处理

续表

序　号	名　　称	指 导 原 则	应 用 实 例
12	等势	在势场中改变限制位置（即在重力场中改善运作状态），以减少物体提升或下降	叉车；换路灯的升降台；检修汽车的地道；利用船闸系统调整水位差,使船只顺利通过水坝
13	反向作用	A．用相反的动作替代问题情境中规定的动作。 B．让物体或环境可动部分不动,不动部分可动。 C．将物体上下或内外颠倒	A．冷却内置件使两个套紧工件分离，而不是加热外层件。 B．加工中心将工具旋转改为工件旋转；机场步梯。 C．伞骨在外的雨伞；倒置花盆的观赏花卉
14	曲面化	A．将直线、平面变成曲线或曲面,将立方体变成球形结构。 B．使用柱状、球体、螺旋状的物体。 C．利用离心力,改直线运动为回转运动	A．飞机、汽车的流线型车身；建筑结构上大量采用弧形、圆拱形、双曲面等形状。 B．圆珠笔和钢笔的球形笔尖；各种轮子；各式轴承。 C．洗衣机；蜗轴发动机螺旋形进气口；离心泵
15	动态性	A．调整物体或环境的性能,使其在工作的各阶段达到最优状态。 B．分割物体,使其各部分可以改变相对位置。 C．使静止的物体可以移动或具有柔性	A．办公座椅；形状记忆合金；垂直起降飞机；可调节位置的手术台或病床。 B．可折叠自行车；军用桥梁；舰载机折叠翼。 C．无绳电话；医用微型内窥摄影机；胃镜
16	不足或过度作用	所期望的效果难以百分之百实现时,稍微超过或小于期望效果,可使问题大为简化	产品设计参数余量,公差；打磨地面时,先在缝隙处抹上较多的填充物,然后打磨平整
17	多维化	A．将物体从一维变到二维或三维结构。 B．用多层结构代替单层结构。 C．使物体倾斜或侧向放置。 D．使用给定表面的另一面	A．三维 CAD；五轴机床；螺旋楼梯。 B．双层巴士；多层集成电路；高层建筑；立交桥。 C．自卸式装载车；飞机发动机矢量喷啸。 D．地面铺镜子反射阳光到果树叶子背面,可以增产

序　号	名　　称	指导原则	应用实例
18	振动	A. 使物体振动。 B. 提高物体振动频率。 C. 利用物体共振频率。 D. 利用压电振动代替机械振动。 E. 超声波与电磁场综合利用	A. 电动牙刷；公路边缘"搓板"纹；砼振捣器。 B. 振动送料机；电动牙刷；电动剃须刀。 C. 核磁共振成像；超声波共振击碎体内结石。 D. 石英晶体振动驱动高精度钟表；压电电锤。 E. 在高频炉中混合合金，使混合均匀；振动铸造
19	周期性作用	A. 以周期性或脉冲动作代替连续动作。 B. 如果动作已是周期性的，可改变其振动频率。 C. 利用脉冲间隙执行另一个动作	A. 硬盘定期杀毒；汽车 ABS 刹车；闪烁警灯。 B. 变频空调；调频收音机；火警警笛。 C. 在心肺呼吸中，每 5 次胸腔压缩后进行呼吸
20	有效持续作用	A. 持续运转，使物体的各部分能同时满负荷工作。 B. 消除工作中所有的空闲和间歇性中断	A. 在汽车暂停时飞轮储能；三班倒；连续浇铸。 B. 家用烤面包机；电脑后台杀毒；精益生产
21	急速作用	快速完成危险或有害的作业	闪光灯；发动机快速跃过共振转速范围；高速牙钻
22	变害为益	A. 利用有害的因素，得到有益的结果。 B. 将有害的因素相结合变为有益的因素。 C. 增大有害因素的程度直至有害性消失	A. 涡轮尾气增压；利用垃圾发热发电；再生纸。 B. 发电厂用炉灰生成的碱性废水中和酸性的废气。 C. 通常风助火势，但是风力灭火机产生的高速气流可以迅速吹散可燃物，降低燃点，快速灭火
23	反馈	A. 引入反馈、提高性能。 B. 若已引入反馈，改变其大小或作用	A. 自动浇注电炉根据金属液温度确定电炉输入功率。 B. 路灯可依据环境亮度调节照明功率；自寻目标导弹
24	中介物	A. 利用中介物实现所需操作。 B. 把一个物体与另一个容易去除的物体暂时结合	A. 化学反应催化剂；钻套；中介公司；云盘。 B. 失蜡铸造中的蜡模；物流物资贴上 RFID 芯片

续表

序 号	名 称	指 导 原 则	应 用 实 例
25	自服务	A．使物体具有自补充、自恢复功能。 B．灵活运用废弃的材料、能量与物资	A．有修复缸体磨损作用的发动机润滑油；自充气轮胎。 B．太阳能飞机；路面压电发电；风力发电；飞沙堰
26	复制	A．用简单、廉价的复制品替代复杂、高价、易损、不易获得的物体。 B．用光学复制品（图像）替代实物，可以按一定比例放大或缩小图像。 C．如果已使用了可见光拷贝，用红外线或紫外线替代	A．虚拟现实实验室；飞行模拟器；用于展览的复制品；沙盘模型；3D 打印。 B．利用太空遥测摄影代替实地勘察绘制地图；虚拟太空游；照相；复印；CAX；电子地图。 C．用于制作超大规模集成电路的紫外掩膜照相机
27	廉价替代品	利用廉价、易耗物品代格昂贵的耐用物品，在实现同样功能的前提下，降低质量要求	所有一次性的用品，如纸杯、打火机、针头、输液管、医用无纺布制成的工作服等；撞车实验假人；靶机
28	替代机械系统	A．用视觉系统、听觉系统、味觉系统或嗅觉系统替代机械系统。 B．使用与物体相互作用的电场、磁场、电磁场。 C．用可变场替代恒定场，随时间变化的可动场替代固定场，用随机场替代恒定场。 D．把场与场作用粒子组合使用	A．在天然气中掺入难闻的气味警告用户有泄漏发生；石油钻井时用甲硫醇提示钻头断裂；导盲犬引路。 B．用电磁搅拌替代机械搅拌金属液；超市出口防盗门。 C．相控阵雷达采用特殊发射的可变电磁波进行目标搜索，不再使用旋转的天线。 D．用不同的磁场加热含铁磁粒子的物质，当达到一定温度时，物质变成顺磁，不再吸收热量，以达到恒温功能
29	气动与液压结构	使用气动或液压部件代替固体部件（利用液体、气体缓冲）	张力空气梁；机翼液压装置；航母弹射器；利用可伸缩液压支柱代替木材支柱；气垫运动鞋
30	柔性壳体和薄膜结构	A．利用薄片或薄膜取代三维结构。 B．利用柔性薄片或薄膜隔绝物体和外部环境	A．塑料大棚；隐形眼镜；水凝胶薄膜；防弹衣。 B．化学铣保护膜；保鲜膜；真空铸造空腔造型时在模型和砂型间加一层柔性薄膜以保持铸型有足够的强度

序　号	名　　称	指导原则	应用实例
31	多孔材料	A. 使物体变为多孔或加入多孔性的物体（嵌入其中或涂敷于表面等）。 B. 如果物体已是多孔结构，可事先在孔中填入有用物料	A. 在两层固定的铝合金板之间加入薄壁空心铝球，可大大提高结构刚性和隔热隔音能力；活性炭；气凝胶。 B. 在多孔纳米管中存储氢；药棉；海绵存储液态氮
32	改变颜色	A. 改变物体及其周围环境的颜色。 B. 改变物体及其周围环境的透明度或可视性。 C. 对难以看清的物体使用有色添加剂或发光物质。 D. 通过辐射加热改变物体的热辐射性	A. 用石墨片或煤灰加速融冰；灯光秀；焰火。 B. 变色镜；化学试纸；跑道指示灯；夜视仪。 C. 荧光油墨；生物标本染色剂；红点炒锅。 D. 用抛物面集光镜提高太阳能电池板的能量收集
33	同质性	把主要物体及与其相互作用的其他物体用同一材料或特性相近的材料制成	以金刚石粉作为切割金刚石的工具，回收余粉；用茶叶做茶叶罐；内含巧克力浆的巧克力；硬底登山鞋；相同或兼容血型输血
34	抛弃与再生	A. 采用溶解、蒸发等手段废弃已完成其功能的零部件，或改造其功能。 B. 在工作过程中迅速补充消耗或减少的部分	A. 用冰块作模板夯土筑坝；药物胶囊；子弹抛壳；工艺刀片；火箭飞行中逐级分离用过的推进器。 B. 机枪弹仓；自来水；自动铅笔；饮料售卖机
35	物理或化学参数改变	A. 改变物体的状态。 B. 改变物体的浓度或黏度。 C. 改变物体的柔度。 D. 改变物体的温度或体积	A. 煤炭炼焦；液化气；热处理；镜面磨削。 B. 洗手皂液比肥皂块使用方便、卫生，用量易掌握。 C. 橡胶硫化；弹簧回火；建筑底座加橡胶垫。 D. 铁磁性物质升温至居里点以上变成顺磁性物质
36	相变	利用物质相变时所发生的某种效应（如体积变化、放热或吸热等）	热泵采暖和制冷都是利用工作介质通过蒸发、压缩和冷凝等过程产生的相变；热管；特殊工作服

续表

序　号	名　　称	指导原则	应用实例
37	热膨胀	A．使用热膨胀（或收缩）材料。 B．使用不同热膨胀系数的复合材料	A．温度计；先烧石头再泼水，可导致石头崩裂。 B．双金属片可在升温和冷却时分别向不同方向弯曲变形，用该效应制造温度计或热敏传感器
38	强氧化作用	A．用富氧空气替代普通空气。 B．用纯氧替代富氧空气。 C．用离子化氧气替代纯氧。 D.使用臭氧替代离子化氧气	A．高炉富氧送风以提高铁的产量；水下呼吸器。 B．用纯氧—乙炔进行高温切割；高压纯氧杀灭伤口细菌。 C．使用离子化氧气加速化学反应；负离子发生器。 D．臭氧溶于水中去除船体上的有机污染物
39	惰性环境	A．用惰性环境取代普通环境。 B．向物体投入中性或惰性添加剂。 C．使用真空环境	A．用氩气等惰性气体填充灯泡，做成霓虹灯。 B．用氮气充轮胎；在炼钢炉中填充氩气。 C．真空离子镀；真空包装食品以延长食品储存期
40	复合材料	用复合材料取代均质材料	用环氧树脂、碳纤维等复合材料制造飞机、汽车、自行车和赛艇；防弹衣；复合木地板

5.4.3　使用步骤

40 个发明原理的使用步骤（摘自孙永伟《TRIZ：打开创新之门的金钥匙》）如下：

步骤 1：确定一个技术矛盾。

步骤 2：对 40 个发明原理表中的原理逐个进行思考。如从原理 1（分割）开始思考，看其能否解决矛盾，达到理想解。如果可以，就沿着这个思路进一步思考。如果不行，就换原理 2（抽取），重新进行思考，看其能否解决矛盾，达到理想解。以此类推。

从表面看，这个思考过程有 40 个，很费时间，结果也不确定。但是，如果没有这 40 个发明原理（创意激发器），我们就只能进行无目的的发散思考，将会花费更多时间和精力。这 40 个发明原理（创意激发器）将会提高思考的效果和效率。

步骤 3：当觉得创意可行时，就及时塑造原型，将创意可视化，让更多的人理解和评估。

步骤 4：经过测试反馈，再逐渐完善创意方案，形成概念设计，为后续的实施提供基础资料。

发明原理的表述形式如图 5-10 所示，每一个发明原理之下包含若干个子发明指导原则。接下来我们将分别以发明原理 1（分割）、发明原理 13（反向作用）为例，说明其具体的应用方法。

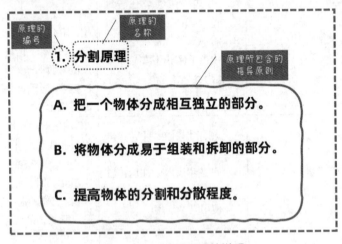

图 5-10　对发明原理的说明

5.4.4　应用实例

应用发明原理 1（分割）解决发明问题的示例如下。

（1）冰箱和书架就是利用了分割原理的指导原则 A，有利于每个独立的部分单独存放食物和书籍。

（2）可以将大的家具分拆为小的部件，以方便运输，运输到目的地后，再将其组装起来。笨重的机械系统拆分为小的部件，以方便运输，到达目的地后，再组装起来。

（3）发明原理 1 的指导原则 C 应用在军事上的分导式多弹头导弹设计中，可以有效地打击多个目标而且可以避免对方的拦截。

下面是发明原理 13（反向作用）的指导原则。

A．用相反的动作代替问题情境中规定的动作。

B．让物体或环境可动部分不动，不动部分可动。

C．将物体上下或内外颠倒。

应用发明原理 13（反向作用）解决发明问题的示例如下。

（1）利用发明原理 13 中的指导原则 A：最初采用吹的方法去除灰尘，结果导致尘土飞扬，后来改用吸的方法，即出现了吸尘器。

（2）利用发明原理 13 中的指导原则 B：自助餐餐厅应用流水传输菜品，食客不需要挪动位置就可以取餐（原来的做法是菜品不动，顾客动，后来改为顾客不动，菜品移动）。

（3）利用发明原理 13 中的指导原则 B：机场里的扶梯，让原来不动的阶梯动起来。

（4）利用发明原理 13 中的指导原则 B：对于有些腼腆的员工，羞于见领导，与上级领导沟通较少，上级领导可以主动与这些员工交谈。

（5）利用发明原理 13 中的指导原则 C：将洗发水、洗涤剂的瓶子倒置放置，这样液体一直在瓶口处，可以节省挤出的时间，方便取用。

5.5　物场标准解

赵敏在《TRIZ 进阶及实战》一书中对物场效应总结得比较系统，本节简要摘录如下。

5.5.1　方法概述

通过大量的专利分析，阿奇舒勒发现一个复杂的工程系统可以被分拆为多个简单的工程系统。而一个简单完整的工程系统要正常工作，必须具备三个要素、两个物质和一个场，缺一不可，即必须有两个物质，两个物质之间还必须有某种作用。发明中的大多数问题和解决方案都可以通过特定的模型描述。

从促进创新的功能上讲，76 个物场标准解就犹如解决方案（创意构思）的一系列触发点。当我们能明确问题的具体矛盾后，在构思创意时，可以以这些标准解为创意触发点，展开创意的构思，激发灵感。76 个标准解与头脑风暴相结合将会促进创意产生的效果和效率。

在 TRIZ 理论中，物质是指具有净质量的对象。比如常见的桌子、椅子、汽车、空气等由于具有静质量，它们就是物质。在物—场模型中，场是指物质与物质的相互作用。需要指出的是，这里的场也包括了我们熟悉的典型的场（如磁场和电场），还包括其他类型的相互作用（如热场、声场、机械场、化学场等）。

通常用图 5-11 所示的图形表示物—场模型。其中，S₁、S₂ 分别为物质，F 表示它们之间的作用，称为场。箭头 S₁ 指向 S₂，表示 S₁ 对 S₂ 有作用（F）。

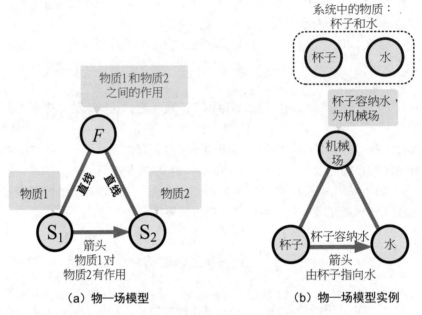

（a）物—场模型　　　　（b）物—场模型实例

图 5-11　物—场模型示意图

我们先举个例子来说明物—场模型。比如，我们用物—场模型描述杯子和水组成的工程系统。杯子和水分别是物质 1 和物质 2，它们之间的场为机械场。

5.5.2　使用说明

很多时候，工程系统的物—场模型的工作状态并非一定是正常的，可能是有缺陷的。这些有缺陷的物—场模型就是有问题的物—场模型。我们继续以上面的杯子和水这个工程系统为例。如果盛水的杯子漏水，那么我们就不应该认为这是一个能够正常工作的工程系统，而是一个有问题的工程系统。如果用物—场模型来分析，可以将其描述为一个有问题的物—场模型（摘自赵敏《TRIZ 进阶及实战》）。

有问题的物—场模型包括以下三种类型。

（1）不完整的物—场模型。

（2）有害的物—场模型。

（3）作用不足的物—场模型。

下面将分别对这三种模型进行详细描述。

1. 不完整的物—场模型

不完整的物—场模型是指物—场模型中缺少某个要素，比如仅有一个物质，就意味着缺少另外一个物质和一个场；再比如仅有两个物质，就意味着缺少一个场（即相互作用），可用图 5-12 来表示。比如，仅有水这一个物质，或者仅有水和杯子，但二者其实没有作用，即缺少场。

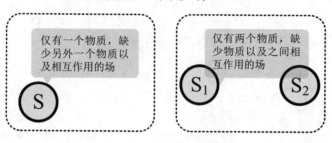

图 5-12　不完整的物场模型

2. 有害的物场模型

有害的物—场模型是指一个物质对另外一个物质的作用是有害的，即这个作用与我们的期望是相反的。通常可以用图 5-13 所示的物—场模型来描述。比如热水把塑料杯子烫坏了，就属于有害的物—场模型。

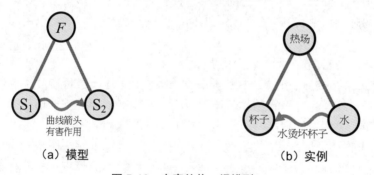

图 5-13　有害的物—场模型

3. 作用不足的物—场模型

作用不足的物—场模型是指虽然一个物质对另外一个物质的作用与我们的期望一致，但没有达到我们的要求。通常，不足的物—场模型可以用图 5-14 描述。比如盛水的杯子漏水，即意味着杯子盛水这个功能虽然有用，但没有完全达到我们的目标期望值，这个物—场模型是不足的。

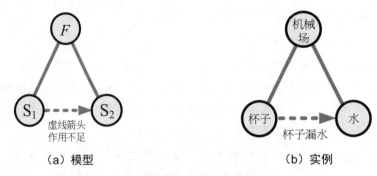

（a）模型　　　　　　　　　　　（b）实例

图 5-14　作用不足的物—场模型

阿奇舒勒发现，如果问题的物—场模型是一样的，那么解决方案的物—场模型也是一样的，与它们处于哪个领域无关。阿奇舒勒及其弟子们猜想出大量的解决方案模型，并运用专利来验证这些预想模型的有效性。如果某个假设的解决方案模型可以找到一定数量的专利来支撑，那么可以将其列为一个确定的解决方案模型，又称为标准解。20 世纪 80 年代标准解出版的时候，一共有 76 个，这也是我们今天所看到的标准解系统。限于篇幅，本书没有列出 76 个物场标准解的图解，感兴趣的读者可以阅读《TRIZ 进阶及实战》一书。

如果我们遇到工程问题时，将每个标准解都尝试一遍，显然其工作效率是很低的，可操作性也比较差。为了提高这些标准解的可用性，阿奇舒勒对这些标准解进行了分类，每一类都对应某一种有问题的物—场模型。这样，在解决关键问题时，只要将其转化为相应的问题的物—场模型，就可以用相应类别的标准解了。

阿奇舒勒将 76 个标准解分为五大类。

（1）第一类标准解，建立和拆解物—场模型。这一类标准解主要适用于不完整的物—场模型或有害的物—场模型，通过建立和拆解物—场模型解决工程问题。第一类标准解包括两个子类，共 13 个标准解。

（2）第二类标准解，完善物—场模型。这一类标准解适用于有作用但作用不足的物—场模型，主要通过对工程系统内部做较小的改变，从工程系统这个级别完善工程系统。这一类标准解包括四个子类，共 23 个标准解。

（3）第三类标准解，转换到超系统或微观级别。这一类标准解适用的物—场模型同样为不足的物—场模型，与第二类标准解不同的是，它通过超系统级别或者微观系统级别解决工程问题。这一类标准解包括两个子类，共 6 个标准解。

（4）第四类标准解，用于检测和测量的标准解。这一类标准解解决工程系统中的"测量或检测"类问题，这一类标准解包含五个子类，共 17 个标准解。

（5）第五类，标准解的应用。前四类标准解提出了解决方案，但在实际应用时，这个解决方案并不能真正付诸实施，所以需要对前面提出的解决方案进行调整。第五类标准解指出如何有效地引入物质、场或者科学效应解决上述问题。这一类标准解包括五个子类，共 17 个标准解。

5.5.3　使用步骤

与使用其他 TRIZ 工具解决问题的步骤一样，在运用物—场模型和标准解解决问题时，要先将具体的关键问题转换为问题的模型，即问题的物—场模型，然后将 76 个标准解作为工具，找到相应解决方案的物—场模型，最后将其转化为具体的解决方案。运用物—场模型和标准解解决问题的一般流程如图 5-15 所示。

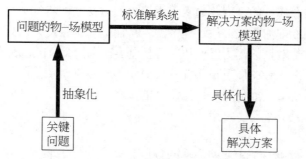

图 5-15　运用物—场模型和标准解解决问题的一般流程

与其他工具一样，在运用物—场模型和标准解解决问题时，也有一系列具体步骤。为了使解决问题更加方便，可以套用下面的模板，如表 5-4 所示。

表 5-4　运用物—场模型和标准解解决问题的模板

关键问题	物质和场	问题的物—场模型	确定标准解类型	确定具体的标准解	解决方案的物—场模型	解决方案
第一列	第二列	第三列	第四列	第五列	第六列	第七列
	S_1 S_2 F	（三角形物—场模型 F, S_1, S_2）	第二类标准解	链式物—场模型	（链式物—场模型 F, F_2, S_1, S_2, S_3）	

具体分析步骤如下。

步骤一：在第一列，描述待解决的关键问题。

步骤二：在第二列，列出与工程问题相关的物质和场。

步骤三：在第三列，从步骤二中挑选组件，创建工程问题的物—场模型。

步骤四：在第四列，根据物—场模型的类别找到相应的标准解类别。

步骤五：在第五列，确定可以解决工程问题的标准解。

步骤六：在第六列，利用步骤五中标准解的推荐方案，建立解决方案的物—场模型。

步骤七：在第七列，根据步骤六中物—场模型的提示形成具体的解决方案，并进行描述。

步骤八：重复第五步到第七步，找到尽量多的解决方案。

步骤九：对各个解决方案进行评估，确定最佳解决方案。

下面我们通过几个案例具体阐述运用物—场模型和标准解解决问题的步骤。

5.5.4　应用实例

为了提高金属针的硬度，通常采用淬火的方法，即将针加热到一定温度，然后突然放到冷却油中，突然迅速降温，从而提高其硬度，但处理后的硬度很大程度上取决于对针的淬火温度的精确控制。在本例（摘自赵敏《TRIZ 进阶及实战》）中，因为针的质量很小并且表面积相对较大，测量起来非常困难，所以本例的主要挑战是如何精确地测量针的温度。

步骤一：描述待解决的关键问题。本例的关键问题是如何精确测量针的温度。

步骤二：列出与工程问题相关的物质和场。本例中的物质有针、冷却油、测温装置以及加热装置，场有加热装置加热针的热场以及冷却液冷却针的热场。

步骤三：挑选组件，创建工程问题的物—场模型。与本例问题相关的物质是测温装置和针，场则是针加热测温装置的热场。

步骤四：根据物—场模型的类别找到相应的标准解的类别。这是一个与测量相关的问题，所适用的标准解类别为第五类"测量和检测的标准解"，可以尝试用本类的标准解解决。

步骤五：确定可解决工程问题的标准解。本类标准解中一共有 17 个标准解，其中第一个标准解是"尝试不去检测或测量"，即改变工程系统，使其不再需要检测或测量。

步骤六：利用步骤五中标准解的推荐方案，建立解决方案的物—场模型。对于上面的标准解，无对应的物—场模型。测量针的温度是为了使加热过程到冷却过程达到一定的淬火温度时准确转换，如果有一个系统能够在正确的温度下实现加热过程到冷却过程的转换，那么，就没有必要精确测量针的温度。

步骤七：对步骤六中物—场模型的实现方案进行描述。利用磁性物质在达到居里温度时会突然失去磁性，温度低于居里温度时又会重新恢复磁性的特性，可以在工程系统中引入一个磁块，而这个磁性物质的居里温度刚好就是金属针的淬火（突然冷却）温度。在磁性物质的下面，放置一个盛有冷却油的容器。温度较低时，受磁力作用，金属针被吸附在磁性物质的表面。加热磁性组件，一旦达到需要的温度，即居里温度，磁性组件就会失去磁性，金属针就会立即自动掉入液体中淬火。在整个过程中，不需要测量任何组件的温度，却实现了在特定温度下淬火，针也变得更硬了。

5.6　科　学　效　应

赵敏在《TRIZ 进阶及实战》一书中对科学效应总结得比较系统，本节简要摘录如下。

5.6.1　方法概述

人类现有的工程技术产品和方法都是在漫长的文明发展过程中，以一定的科学效应为基础，一点一滴地积累起来的。效应是构建功能的基本单元；所有的功能都基于效应而存在。任何一个产品的功能，不管其结构有多复杂，经过不断分解，最终都可以分解成由某种效应实现的基本功能。科学效应与物质、场、属性、参数、功能之间的关系示例如表 5-5 所示。

表 5-5　科学效应与物质、场、功能的对应关系示例

外部物质	外部场输入属性	动作	被作用物质	效应	输出属性	参数	功能
制冷剂	低温场	冷却	导体	超导	阻抗性	电阻	消除电阻
太阳	光场	加热	水	汽化	蒸发性	水量	蒸发水量
风	气流场	加速	水	汽化	蒸发性	水量	蒸发水量
地球	引力场	吸引	返回舱	摩擦	内能	温度	升高温度
波源载体	声场	运动	弹性介质	多普勒	变频性	频率	改变频率
带电物质	电场	极化	电介质	电致伸缩	变形性	长度	改变长度

阿奇舒勒发现并指出，那些不同凡响的发明专利通常都是利用了某种科学效应，或者是出人意料地将已知的效应用到以前没有使用过该效应的技术领域中。每一个效应都可能是一大批问题的解决方案，或者说用好一个效应可以获得几十项专利。例如，发明家爱迪生的 1023 项专利里只用到了 23 个效应。飞机设计大师图波列夫的 1001 项专利里只用到了 35 个效应。科学效应的推广应用对于解决发明问题有着超乎想象的作用。

如果面对的是一个"如何做"的问题，或者说需要找到系统的正确功能，可以在科学效应库中寻找概念、筛选概念，进而找到概念方案。

阿齐舒勒在《哇！发明家诞生了》一书中这样写道："在物理教科书中，现象与结果被看成中性的概念……然而，如果我们以创新的方式对它们进行描述，将会是怎样的呢？例如，物质被加热时会膨胀。显然，这里的现象不只是加热，更重要的是膨胀，它可以被引申为能引起膨胀的所有现象。如果重新修改物理教科书，我们将会得到一个现象与结果的目录，获得一个非常强大的工具。"

从促进创新的功能上讲，科学效应库就犹如解决方案（创意构思）的一系列触发点。当我们能明确问题的具体矛盾后，在构思创意时，可以以这些科学效应为创意触发点，展开创意的构思，激发灵感。科学效应与头脑风暴相结合将会促进创意产生的效果和效率。

每个人掌握知识的范围和能力是有限的，遇到的问题却是无限的。人们往往不知道，在其所面对的问题中，90%已经在其他领域被解决了。普通的工程师通常只知道少数科学效应和常见科学现象。理工院校的学生们学习了一些科学效应，但并没有学过如何将这些科学效应用到实际工作中。他们毕业进入企业后，在工作中运用一些常见的科学效应（如热膨胀、共振）时，往往会出现一知半解的情况，更不用说那些很少听说的科学效应了。另一方面，作为科学效应的发现者，科学家们常常并不关心该如何应用他们所发现的科学效应，不少新的科学效应被束之高阁。因此，构建科学效应库，让科学效应知识为大众方便地查询和使用，对于促进大众创业、万众创新具有重要的意义。

从目前掌握的资料看，系统的科学效应提炼、汇编和编纂工作始于1968年苏联"合理化建议者协会中央理事会"的发明方法学公共实验室，由阿奇舒勒与他的学生等TRIZ专家、发明家自发推动。自1971年起，在苏联的一些发明学校和阿奇舒勒等TRIZ专家所主持的发明进修班里，就已经开始用物理效应解决发明问题。科学效应的研究历程大致如下。

1968年，分析了5000多个发明专利，开始专门研究物理效应。

1971年，编辑了第一版《物理效应指南》。

1973年，整理了300页记录物理效应的手稿。

1978年，编辑了第二版《物理效应指南》。

1979年，阿奇舒勒在其《创造是精确的科学》（*Creativity As Exact Science*）一书中所提出的ARIZ-77中，以功能编码表的形式给出了有30个功能，包括99个物理效应的《物理效应指南》。

1981年，《物理效应指南》首次在《技术与科学》（*Technologies and Science*）杂志上发表。

1987年，《物理效应指南》首次通过《大胆的创新公式》（*Daring Formulas of Creativity*）一书，在卡累利阿共和国彼得罗扎沃茨克市发布。

1988年，《化学效应指南》首次通过《迷宫中的线索》（*A Thread in Labyrinth*）一书，在卡累利阿共和国彼得罗扎沃茨克市发布。

1989 年，《几何效应指南》首次通过《没有规则的游戏规则》（*Rules of a Game without Rules*）一书，在卡累利阿共和国彼得罗扎沃茨克市发布。

至此，物理效应、化学效应、几何效应已经形成了表格式的指南。随后汇总了这些指南的效应知识库也开始进入了人们的视野。效应知识库涵盖了物理、化学、几何、生物等多学科领域的效应知识。效应知识库的应用对发明问题的解决有着超乎想象的促进作用。赵敏在《TRIZ 进阶及实战》一书中归纳总结出了 922 个科学效应。

5.6.2　使用说明

科学效应包括了物理效应、化学效应、几何效应等多种效应。效应内部所遵循的数学、物理、化学方面的定理，属于科学原理。其相互关系如图 5-16所示。

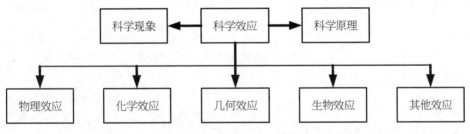

图 5-16　科学效应、科学现象、科学原理的关系

1. 物理效应

物理效应及其实现功能之间的对照关系如表 5-6 所示。例如，通过改变物体的温度改变物体的尺寸。改变物体的温度是输入作用，改变物体的尺寸是输出作用，控制参数是温度，物体的热膨胀系数可作为所述效应的控制参数。物体的热膨胀系数广泛应用于工程领域，用来对物体尺寸做可逆和可控制的改变。热膨胀系数反映了构成物体的物质属性参数，其值是因温度发生 1℃改变后物体某一尺寸变化与最初尺寸之比。物体的热膨胀系数变化幅度较大，可从气体的大约 1/273 到特种合金的 0。

表 5-6　物理效应与实现功能对照表

序　号	功　能	物　理　效　应
1	测量温度	热膨胀和由此引起的固有振动频率的变化；热电现象；光谱辐射；物质光学性能及电磁性能的变化；超越居里点；霍普金森效应；巴克豪森效应；热辐射

序 号	功 能	物 理 效 应
2	降低温度	传导；对流；辐射；相变；焦耳-汤姆森效应；珀耳帖效应；磁热效应；热电效应
3	提高温度	传导；对流；辐射；电磁感应；热电介质；热电子；电子发射（放电）；材料吸收辐射；热电现象；物体的压缩；核反应（原子核感应）
4	稳定温度	相变（例如超越居里点）；热绝缘
5	探测物体的位置（检测物体的工况和定位）	引入容易检测的标识，变换外场（发光体）或形成自场（铁磁体）；光的反射和辐射；光电效应；相变（再成型）；X射线或放射性；放电；多普勒效应；干扰
6	控制物体移动	用对带电或起电的物体有影响的磁场；液体或气体传递的压力；机械振动；惯性力；热膨胀；浮力；压电效应；马格纳斯效应
7	控制气体或液体的运动	毛细管现象；渗透；电渗透（电泳现象）；汤姆森效应；伯努利效应；各种波的运动；离心力（惯性力）；韦森堡效应；向液体中充气；柯恩达效应
8	控制悬浮体（粉尘、烟雾）	起电；电场；磁场；光压力；冷凝；声波；亚声波
9	搅拌混合物形成溶液	形成溶液；超高音频；气穴现象；扩散；电场；电冰现象；共振
10	分解混合物	电和磁分离；在电场和磁场作用下，改变液体的密度；离心力（惯性力）；相变；扩散；渗透
11	稳定物体位置	电场和磁场；吸湿效应；往复运动；相变（再造型）；熔炼；扩散熔炼；相变
12	产生/控制力，形成高压力	用铁-磁材料形成有感应的磁场；相变；热膨胀；离心力（惯性力）；通过改变磁场中的磁性液体和导电液体的密度改变流体静力；超越炸药；电液压效应；光液压效应；渗透；吸附；扩散；马格纳斯效应
13	控制摩擦力	约翰逊-拉别克效应；辐射效应；克拉格里斯基现象；振动；利用铁磁颗粒产生磁场感应；相变；超流体；电渗透
14	分离物体	放电；电-水效应；共振；超高音频；气穴现象；感应辐射；相变热膨胀；爆炸；激光电离
15	积蓄机械能和热能	弹性形变；飞轮；相变；流体静压；热电现象
16	传递能量（机械能、热能、辐射能和电能）	形变；亚历山德罗夫效应；运动波，包括冲击波；导热性；对流；光反射（光导体）；辐射感应；赛贝克效应；电磁感应；超导体；一种能量形式转换成另一种便于传输的能量形式；亚声波（亚音频）；形状记忆效应

续表

序 号	功 能	物 理 效 应
17	移动的物体和固定的物体之间的交互作用	利用电-磁场由物质耦合向场耦合过渡；应用液体流和气体流；形状记忆效应
18	测量物体尺寸	测量固有振动频率；标记和读出磁性参数和电参数；全息术摄影
19	改变物体尺寸	热膨胀；双金属结构；形变；磁电致伸缩（磁-反压电效应）；压电效应；相变；形状记忆效应
20	检查表面状态和性质	放电；光反射；电子发射（电辐射）；波纹效应；辐射；全息术摄影
21	改变表面性质	摩擦力；吸附作用；扩散；包辛格效应；放电；机械振动和声振动；照射（反辐射）；冷作硬化（凝固作用）；热处理
22	检测体积、容量的状态和特征	根据物体结构和特性的变化改变电阻率；光的吸收、反射和折射；电光学和磁光现象；偏振光（极化的光）；X射线和辐射线；电子顺磁共振和核磁共振；磁弹性效应；超越居里点；霍普金森效应和巴克豪森效应；测量物体固有振动频率；超声波（超高音频）；亚声波（亚音频）；穆斯堡尔效应；霍尔效应；全息术摄影；声发射（声辐射）
23	改变物体空间性质（密度和浓度）	在电场和磁场作用下改变液体性质（密度、黏度）；引入铁磁颗粒和磁场效应；热效应；相变；电场作用下的电离效应；紫外线辐射；X射线辐射；放射性辐射；扩散；电场和磁场；包辛格效应；热电效应；热磁效应；磁光效应（水磁-光学效应）；气穴现象；彩色照相效应；内光效应；液体"充气"（用气体、泡沫"替代"液体）；高频辐射
24	构建结构，稳定物体结构	电波干涉（弹性波）；衍射；驻波；波纹效应；电场和磁场；相变；机械振动和声振动；气穴现象
25	探测电场和磁场	渗透；物体带电（起电）；放电；放电和压电效应；驻极体；电子发射；电光现象；霍普金森效应和巴克豪森效应；霍尔效应；核磁共振；流体磁现象和磁光现象；电致发光（电-发光）；铁磁性（铁-磁）
26	产生辐射	光-声学效应；热膨胀；光-可范性效应（光-可塑性效应）；放电
27	产生电磁辐射	约瑟夫森效应；感应辐射效应；隧道效应；发光；耿氏效应；契林柯夫效应；塞曼效应
28	控制电磁场	屏蔽，改变介质状态，如提高或降低其导电性（例如增加或降低它在变化环境中的电导率）；在电磁场相互作用下，改变与磁场相互作用物体的表面形状（利用场的相互作用，改变物体表面形状）；引缩效应

序　号	功　能	物　理　效　应
29	控制光	折射光和反射光；电现象和磁光现象；弹性光；克尔效应和法拉第效应；耿氏效应；约瑟夫森效应；光通量转换成电信号或电信号转换成光通量；刺激辐射（受激辐射）
30	产生和加强化学变化	超声波（超高音频）；亚声波；气穴现象；紫外线辐射；X射线辐射；放射性辐射；放电；形变；冲击波；催化；加热
31	分析物体成分	吸附；渗透；电场；辐射作用；物体辐射的分析（分析来自物体的辐射）；光-声效应；穆斯堡尔效应；电子顺磁共振和核磁共振

2．化学效应

化学效应及其实现功能之间的对照关系如表 5-7 所示。例如，将催化剂放入有各种化学成分（相互作用物质）的混合物中，可加速该混合物各成分之间的化学反应。放入催化剂为输入作用，加速化学反应为输出作用，控制参数为催化剂的类型、催化剂颗粒的尺寸和形状、混合物化学成分的类型以及温度。

表 5-7　化学效应和实现功能的对照表

序　号	功　能	化　学　效　应
1	测量温度	热色反应；温度变化时化学平衡转变；化学发光
2	降低温度	吸热反应；物质溶解；气体分解
3	提高温度	放热反应；燃烧；高温自扩散合成物；使用强氧化剂；使用高热剂
4	稳定温度	使用金属水合物；采用泡沫聚合物绝缘
5	检测物体的工况和定位	使用燃料标记；化学发光；分解出气体的反应
6	控制物体位移	分解出气体的反应；燃烧；爆炸；应用表面活性物质；电解
7	控制气体或液体的运动	使用半渗透膜；输送反应；分解出气体的反应；爆炸；使用氢化物
8	控制悬浮体（粉尘、烟、雾等）	与气悬物粒子机械化学信号作用的物质雾化
9	搅拌混合物	由不发生化学作用的物质构成混合物；协同效应；溶解；输送反应；氧化-还原反应；气体化学结合；使用水合物、氯化物；应用络合酮
10	分解混合物	电解；输送反应；还原反应；分离化学结合气体；转变化学平衡；从氢化物和吸附剂中分离；使用络合酮；应用半渗透膜；将成分由一种状态向另一种状态转变（包括相变）

续表

序 号	功 能	化 学 效 应
11	物体位置的稳定（物体定位）	聚合反应（使用胶、玻璃水、自凝固塑料）；使用凝胶体；应用表面活性物质；溶解黏合剂
12	感应力、控制力、形成高压力	爆炸；分解气体水合物；金属吸氢时发生膨胀；释放出气体的反应；聚合反应
13	改变摩擦力	由化合物还原金属；电解（释放气体）；使用表面活性物质和聚合涂层；氢化作用
14	分解物体	溶解；氧化-还原反应；燃烧；爆炸；光化学和电化学反应；输送反应；将物质分解成组分；氢化作用；转变混合物化学平衡
15	积蓄机械能和热能	放热和吸热反应；溶解；物质分解成组分（用于储存）；相变；电化学反应；机械化学效应
16	传输能量（机械能、热能、辐射能和电能）	放热和吸热反应；溶解；化学发光；输送反应；氢化物；电化学反应；能量由一种形式转换成另一种形式，再利用能量传递
17	可变的物体和不可变的物体之间相互作用	混合；输送反应；化学平衡转移；氢化转移；分子自聚集；化学发光；电解；自扩散高温聚合物
18	测量物体尺寸	与周围介质发生化学转移的速度和时间
19	改变物体尺寸和形式（形状）	输送反应；使用氢化物和水化物；溶解（包括在压缩空气中）；爆炸；氧化反应；燃烧；转变成化学关联形式；电解；使用弹性和塑性物质
20	控制物体表面形状和特性	原子团再化合发光；使用亲水和疏水物质；氧化-还原反应；应用光色、电色和热色原理
21	改变表面特性	输送反应；使用水合物和氢化物；应用光色物质；氧化-还原反应；应用表面活性物质；分子自聚集；电解；侵蚀；交换反应；使用漆料
22	检测（控制）物体容量（空间)状态和性质（形状和特性)	使用热色反应物质或指示剂物质的化学反应；颜色测量化学反应；形成凝胶
23	改变物体容积性质（空间特性、密度和浓度）	引起物体的物质成分发生变化的反应（氧化反应、还原反应和交换反应）；输送反应；向化学关联形式转变；氢化作用；溶解；溶液稀释；燃烧；使用胶体
24	形成要求的、稳定的物体结构	电化学反应；输送反应；气体水合物；氢化物；分子自聚集；络合酮
25	显示电场和磁场	电解；电化学反应（包括电色反应）
26	显示辐射	光化学；热化学；射线化学反应（包括光色、热色和射线使颜色变化的反应）

序　号	功　能	化 学 效 应
27	产生电磁辐射	燃烧反应；化学发光；激光器活性气体介质中的反应；发光；生物发光
28	控制电磁场	溶解形成电解液；由氧化物和盐生成金属；电解
29	控制光通量	光色反应；电化学反应；逆向电沉积反应；周期性反应；燃烧反应
30	激发和强化化学变化	催化剂；使用强氧化剂和还原剂；分子激活；反应产物分离；使用磁化水
31	物体成分分析	氧化反应；还原反应；使用显示剂
32	脱水	转变成水合状态；气化作用；使用分子筛
33	改变相态	溶解；分解；气体活性结合；从溶液中分解；分离出气体的反应；使用胶体；燃烧
34	减缓和阻止化学变化	阻化剂；使用惰性气体；使用保护层物质；改变表面特性（见 21 "改变表面特性"一项）

3．几何效应

几何效应及其实现功能之间的对照关系如表 5-8 所示。例如，改变旋转双曲线体底部的旋转角度，可改变其最窄处的直径。可将旋转双曲线体看作是由最初的圆柱形演变而来的，其垂直棒等距铰接到圆形底部，当底部被转动时形成双曲线体，双曲线体表面的线（棒状物）在空间相交。双曲线体底部旋转角度的改变为输入作用，双曲线体最窄处直径的改变为输出作用，控制参数为底部直径和两底部之间的距离。这一形状的功能，可用于夹持放置在双曲线体最窄处的工件。

表 5-8　几何效应和实现功能的对照表

序　号	功　能	几 何 效 应
1	质量不改变的情况下增大或减小物体的体积	将各部件紧密包装；凹凸面；单叶双曲线
2	质量不改变的情况下增大或减小物体的面积或长度	多层装配；凹凸面；使用截面变化的形状；莫比乌斯环；使用相邻的表面积
3	由一种运动形式转变为另一种运动形式	"列罗"三角形；锥形捣实；曲柄连杆传动
4	集中能量流和粒子	抛物面；椭圆；摆线
5	强化进程	由线加工转变成面加工；莫比乌斯环；偏心率；凹凸面；螺旋；刷子
6	降低能量和物质损失	凹凸面；改变工作截面；莫比乌斯环
7	提高加工精度	刷子（梳子、毛笔、排针、绒毛）；加工工具采用特殊形状和运动轨迹

序　号	功　　能	几　何　效　应
8	提高可控性	刷子（梳子、毛笔、排针、绒毛）；双曲线；螺旋线；三角形；使用形状变化的物体；由平动向转动转换；偏移螺旋机构
9	降低可控性	偏心率；将圆形物体替换成多角形物体
10	提高使用寿命和可靠性	莫比乌斯环；改变接触面积；选择特殊形状
11	减小作用力	相似性原则；保角映射；双曲线；综合使用普通几何形状

4．生物效应

关于生物效应的汇总还没有更翔实的资料，暂无详细的效应汇总表，但仍有一些可供参考的实例。例如，河蚌对环境中的有害杂质的浓度很敏感，当水中有害杂质的浓度增加到一定限度时，河蚌就会合上蚌壳。当有害物质的浓度降低后，蚌壳又重新打开。可以采用这一生物效应诊断危险化学品生产企业的废水处理设施。

5.6.3　使用步骤

科学效应库是和"怎么办？"提问模型相关的。在物理效应中一般会有一种效应对应一种结果的数理化关系。例如，如果想让一个物体膨胀，可以用哪些数理化效应呢？我们可以想到的是加热可以使物体膨胀，降温可以使水结成冰而使体积膨胀，生石膏（无水硫酸钙）遇到水变成熟石膏（二水硫酸钙），体积也会膨胀，等等。

首先是建立一个科学效应库，在这个科学效应库中，科学效应及其功能有大致的对应关系。其次是对需要解决的问题有清晰的理解，将其转化为"怎么办？"的问题，提炼出其中的功能动词，如 5.3 节应用案例中，"如何在尿布上打孔？"转化为"如何在薄的布料上打孔？""打孔"就是关键的科学效应，这样就可以在科学效应库中搜索和打孔相关的信息线索。

最后，对搜集到的信息线索进行整理分析，根据问题的实际条件，选择合适的解决思路和方法。

5.6.4　应用实例

1．冰块不仅仅是冰块

在《哇！发明家诞生了》一书中，阿奇舒勒介绍了一个对其提出 TRIZ 理论影响很大的故事。

当他在 14 岁时，他家附近的变压器出现故障，需要将放置在 1 米多高的砖台上的很重的变压器搬下来。由于当时（1940 年）吊车是很少见的设备，请来吊车需要很长时间，在这之前，大家都在想用什么方法能把这台很重的变压器搬下来。

邻居中有一位会计师麦克尔大叔提出用冰块可以将变压器搬下来。年少的阿奇舒勒目睹了用冰块将变压器搬下来的过程。其基本原理是用大的冰块垒成和砖台大致相同的高度，工人们用撬棍将变压器从砖台慢慢平移到冰块上。因为当时苏联巴库九月份的阳光还很强，在阳光的照射下，冰块逐渐融化，变压器缓慢地降落到地面上，实现了将沉重的变压器从高处搬下来的目的。

这是利用冰在温度的作用下融化的原理实现搬运变压器的目的的方法。当时，在当地人的观念中，冰块是用来保存食物的，但在这个事件中，冰块代替了吊车。这件事情对年轻的阿奇舒勒产生了很大影响，"冰块还可以有其他用途，冰块不仅仅是冰块"。正是这个启发，使阿齐舒勒意识到"任何东西都能有不同寻常的用途"。他的脑海里出现了"发明"这个词，他的意识中形成了这样的观念：

（1）在任何情况下，即使在没有希望的情况下，也总能找到解决问题的办法。

（2）某种东西可以被发明出来，而且这种东西会很简单很美好。

"冰块不仅仅是冰块，冰块还可以有其他用途"是阿齐舒勒"创新是有规律的"思想产生的最直接的启发，是他提出 TRIZ 理论的出发点。从此以后阿齐舒勒开启了发明创新之路。

在《哇！发明家诞生了》一书中，阿齐舒勒借助"冰块不仅仅是冰块"这个例子（1940 年），说明其 TRIZ 理论产生的雏形。阿齐舒勒在 20 岁时（1946 年）获得第一项成熟的专利（从没有潜水服的被困潜水艇中逃脱的方法）。很多文献认为，阿齐舒勒 1946 年提出了 TRIZ 理论的标志，就是这个成熟的技术专利。

2．移动液体的 99 种方法

TRIZ 理论认为，几乎所有类型的问题在我们之前都已经得到了解决，从而使我们可以按照一个系统的方法获取世界上的已知方案。我们很多时候总是在重复前人已经发明的东西，造成了大量的浪费。通过科学效应库，我们可以系统地寻找前人发明的东西，避免大量的试错和无效的劳动，并结合具体需要找出更为高明的解决方案。基于这个观点，TRIZ 理论建立的工程系统的科学效应库成为 TRIZ 发明创新的工具和方法。

科学效应库是阿奇舒勒在对专利数据库进行大量分析的基础上总结出来的，反映了各种工程学和科学理论应用后所形成的现象与现象、现象与结果、物质与场的作用及其结果等。科学效应库的观点是指千变万化的工程系统及工程技术的核心基础都是对最基本的数学、物理、化学知识原理的应用，即各类科学效应。各类技术专利都是基于数学、物理、化学原理，逐渐形成技术方法，进而变成具体的器物工具。基本的科学效应蕴含在器物工具之中。

在《TRIZ——众创思维与技法》一书中有这样一个例子，一杯水放在桌面上，在不移动桌子和杯子的情况下，如何将杯中的水移走？正常情况下，一个十个人的小组可以拿出 8 个方案，在大家进行分享交流、头脑风暴等活动后，可以将解决方案扩展至 15～25 个。如果利用 TRIZ 的科学效应库，将问题放到科学效应库中去寻找解决问题的方案，在不移动桌子和杯子的情况下，将杯中的水移走可以有 99 种物理或化学方法（详见《TRIZ——众创思维与技法》）。

在寻找解决这个问题的方案的过程中，有两点需要特别强调，一是将"一杯水放在桌面上，在不移动桌子和杯子的情况下，如何将杯中的水移走？"这个问题的描述性语言转化为 TRIZ 问题模型语言，即用通用的工程参数或最基本的物理、化学概念对问题进行重新描述，也就是说将一个问题的描述性语言转化为科学效应库中的语言，这就是建立 TRIZ 问题模型的过程。简单来说，这个问题的目的就是"把水移走"，转换成科学效应库的语言就是"使液体移动"，解决问题需要的功能就是"移动液体"，这样就将描述性的语言转化为"如何移动液体"。二是在科学效应库中以"移动液体"为关键词进行搜索，"移动液体"的物理、化学方法有很多种。这就是通过科学效应库寻找到"移动液体"有 99 种方法的 TRIZ 过程。

在《哇！发明家诞生了》一书中，阿奇舒勒阐释了科学效应库思想，"在物理教科书中，现象与结果被看成是中性的概念……然而，如果我们以新的方式对它进行描述，将会是怎样的结果呢？例如，物质被加热时会膨胀。显然，这里的现象不只是加热，更重要的是膨胀，它可以被引申为能引起膨胀的所有现象。如果重新修改物理教科书，我们将会重新得到一个现象与结果的目录，获得一个非常强大的工具。"这是 TRIZ 理论中科学效应库的核心思想——建立以解决问题为目的的科学效应库，应用功能导向搜索、TRIZ 棱镜等方法可以快速搜索到解决问题的思路，提高发明创新、解决问题的效率。

基于科学效应库思想，也可以建立学习效应库、教学效应库、知识效应库等类似的行业效应库。在现在的互联网中，各类专业的关键词也构成了专业效应库，通过各种搜索引擎就可以搜索到大量相关的信息，为提高学习效率创造了条件。现有的信息检索、科学研究活动可以借鉴科学效应库思想，建立相应学科知识的效应库，提高信息检索、科学研究的效率。

前提条件：一杯水放在桌子上，在不移动桌子和杯子的条件下将水从杯中移走。

步骤一：如表 5-9 所示，用简单语言陈述问题。将原来的问题"一杯水放在桌子上，在不移动桌子和杯子的条件下将水从杯中移走"，用简单语言陈述为"移动液体"。

表5-9　用简单语言陈述问题（39个通用工程参数）

问题的一般化过程（用简单语言陈述）		问题转化为
水=液体	我们需要的功能	改变提问的形式
移走=移动	移动液体	如何移动液体

步骤二：如表5-10所示，利用科学效应转换器，将功能转化为科学效应，将"移动液体"转换为"怎样移动液体"。

表5-10　科学效应转换器（将功能转换为科学效应）

问题/简单提问（转换思维）		答　案
我们需要的功能	移动液体	特定概念
如何做	科学效应库	怎样移动液体

步骤三：如表5-11所示，在科学效应库里寻找满足功能的科学效应。《TRIZ——众创思维与技法》一书中，共有99种可以"移动液体"的科学效应。

表5-11　在科学效应库里寻找满足功能的效应（功能导向搜索）

应用科学效应移动液体的99种方法
前提条件：一杯水放在桌子上，在不移动桌子和杯子的条件下将水从杯中移走
吸收（物理）、声空化、声振动、吸收、气雾剂、反泡沫、阿基米德螺旋、阿基米德原理（浮力）、巴拉斯效应、伯努利效应、蒸煮、布朗运动、布朗马达、毛细作用、毛管凝结、毛细蒸发、多孔毛细材料、毛细压力、毛细波效应、空化离心力、色谱分析、康达效应、压缩、反压电效应、柯氏力、库仑定律、库仑分离、干燥材料、干燥剂反磁性、扩散、置换、蒸馏、弹性、电场、电水动力学、电解、点渗法、电冰法、静电感应、电润湿、蒸发
爆炸、铁磁流体、铁磁性、流体锤、海绵、流体机制、强制对流、自然对流、漏斗效应、万有引力、重力对流、液压跳、液压油泵、惯性、注射器、离子交换、射流、凯伊效应、莱顿福勒斯特效应、洛伦兹力、磁性伸缩、马朗格尼效应、机械制热效应、微点机械系统、混合对流、核裂变、昂内斯效应、渗透性、帕斯卡法则、渗透、泵、兰克效应、瑞本对流
共鸣、螺旋、冲击波、溶解、吸附、超级导热、超空泡、超流体、表面张力、热膨胀、热毛细效应、热机械效应、热电泳、湍流、超声毛细管效应、超声振动、魏森伯格效应、浸润、呼吸等

步骤四：从这些科学效应中，尝试找到解决问题的方法。通过科学效应库的搜索，得到了从理论上能够解决问题的科学效应，提高了解决问题的效率。在实践中，还需要结合实际条件，筛选简单实用的科学效应。

5.7 头脑风暴法

5.7.1 方法概述

头脑风暴法以小组会议的形式进行组织（见图 5-17），成员围绕一个问题自由思考，畅所欲言，通过不断的思维碰撞、创意和想法分享激发小组成员更多的创意和灵感，让脑海中产生创造性"风暴"，从而获得解决问题的新思路（见图 5-18）。

图 5-17 头脑风暴法示意图

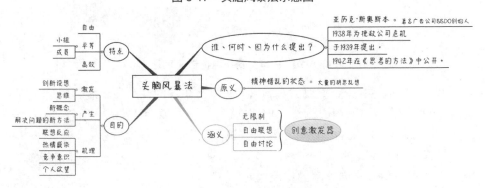

图 5-18 头脑风暴法特征图

1953 年，美国心理学家奥斯本（A. Osborn）尝试改进试错法。用试错法解决问题时，发明家首先想"如果这样做会怎么样？"但对可能出现的结果不进行事前分析，就会不断重复这个过程。有人能产生好想法，但不能分析这些想法。相反，有人则善于分析而拙于产生想法。奥斯本决定分开这两个过程，一组成员只对问题提出想法（不管想法有多荒唐），另一组成员则只分析这些想法。

奥斯本把这种方法叫作"头脑风暴法"，它并没有消除搜寻的杂乱无章，反而使搜寻更加混乱。这些尝试在惯性思维上浪费了很多时间，它们不仅混乱，而且总会指向错误的方向。因此，回到最初的混乱搜寻，反而是一种进步。

图 5-19 显示由 3 人（A、B 和 C）组成的头脑风暴讨论会，每人有自己的专长（用三个圆圈表示），因此他们不会像通常那样锁定在惯性思维上。同时，头脑风暴的原则也会刺激更多的想法，甚至是异想天开的想法。团队成员挣脱了自己专长的狭小领域，才能到达创新方案所在地。

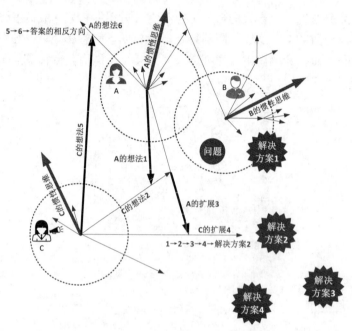

图 5-19　头脑风暴思维机制示意图

图 5-19 中还有一个重要的头脑风暴机制：想法的互动和扩展。成员 A 表达了想法 1（箭头 1）；成员 C 立即对它做修改，产生了想法 2（箭头 2）；于是，成员 A 对他原来的想法有了新的认识，这个想法继续扩展（箭头 3）……这就形成了一个想法链（1→2→3→4），并指向解决方案 2。有时想法继续扩展（5→6），也会指向答案的相反方向。

5.7.2　使用说明

1. 头脑风暴法的基本规则

规则 1：多领域人才。产生想法的团队由不同领域的人组成，如果成员有与主题相关的专家，最好不要过半。不同领域的人才越多，对产生创意越有帮助。

规则 2：自由发言。在一分钟内，每个人都能表达任何想法，包括错误、笑话和幻想，不需要提供任何依据。

规则 3：量大于质。数量比质量更重要，讨论时围绕主题，用撒网捕鱼的方式，获取大量的点子。数量越多，好点子出现的概率越大。

规则 4：详细记录。将所有的想法都记录下来，记录时不可简化、压缩，要逐字记录，只言片语都可能是解决问题的线索。

规则 5：禁止批评。在产生想法的过程中不允许任何形式的批评，包括口头批评、沉默不语，以及怀疑的微笑。团队成员要在头脑风暴过程中维持自由、友好的关系。

规则 6：结合扩展。1+1>2，最好能做到一个成员提出想法，其他人扩展这个想法，多个点子结合可以变成更好的创意。

规则 7：逐条分析。在分析想法的过程中，即使那些看起来错误的或没有意义的想法，也应该认真分析。

通常产生想法的团队由 6～9 人组成，头脑风暴的过程大约 20～30 分钟。

2．头脑风暴法的优缺点

过去几年里，人们用头脑风暴法解决各种项目问题、设备设计问题以及不同类型的现场测试问题。它的成功是因为传统试错法固有的缺点。

头脑风暴搜寻法的荒谬，被它的量化因素补偿了：一个庞大的团队合作解决问题。表面看来头脑风暴非常有效，因为其一天之内就解决了问题。但却很难衡量其真正的收益，毕竟五十个人花一天的时间，就等于一个人花了五十天的时间。加上前期准备的时间，头脑风暴过程就相当于几百天的时间。头脑风暴法的优点就是能减少沿着惯性思维方向的无效尝试次数。

头脑风暴过程在形成新的营销方式时产生了积极的效果，但它在处理那些只能在更高创新级别上解决的复杂问题时，没有显著成果。即头脑风暴过程无法越过 2 级发明。

有两种方式可以改进头脑风暴过程，即让它更专业和提高过程本身的效率。苏联发明家和创新者中央委员会的创新方法公共实验室将研究转向第二个方向。他们发现了头脑风暴法的概念性缺陷。头脑风暴法不控制思维过程是它的主要缺陷。头脑风暴法确实能帮助我们克服思维惯性：思维获得了速度，从一个死角开始移动，但是经常会错过该停下来的点。实验中多次发现，一个成员提出了一个指向正确方向的想法，另一个人接过这个想法继续拓展，照此方法继续肯定能找到正确的方案。当离最后一段路只有几步之遥时，若有人提出一个全新的想法，原来的想法链就会中断，团队就又回到了出发点。

虽然头脑风暴法禁止任何批评，但还是避免不了潜在的批评，比如，用一个新想法抑制对前一个想法的拓展。因此，头脑风暴时禁止潜在的批评，禁止中断想法链的扩展，每一个想法都必须发展成一个逻辑结论。

5.7.3　使用步骤

头脑风暴法的实施步骤包括准备、热身、思考、讨论、整理等环节（见图 5-20）。

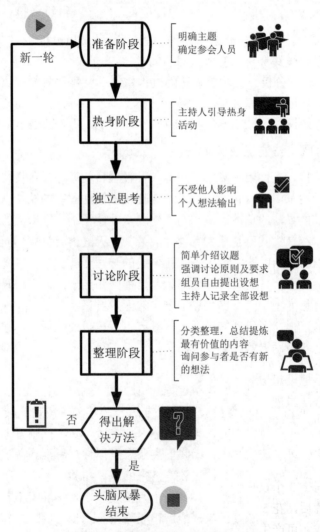

图 5-20　头脑风暴法实施流程示意图

5.7.4　应用实例

美国的西部供电公司每年因为大雪压断供电线路造成了巨大的经济损失，一次公司召开大会讨论解决方案，每年给供电线路扫雪，耗费大量的人力，而且根本无济于事，问题集中卡在这里，大家都为此焦头烂额。

于是大家开始头脑风暴，按照头脑风暴的原则，以量求质、延迟评判、组合运用，在激烈的头脑风暴过程中，轮到一个员工提方案时，因为实在没有想法，就开玩笑地说："我没什么办法，叫上帝拿个扫把打扫多好！"

这时另一个员工顿时醒悟，说："就给上帝一个扫把！"大家还没明白过来，他解释道："让直升飞机沿线路飞行，直升飞机产生的巨大风力可以吹散线路上的积雪！"公司领导立即拍板，并给执行扫雪任务的飞机取名"上帝"号，真的成了让上帝来扫雪。

从此西部供电公司解决了一个大难题，节省了大量的人力，创造了良好的社会效益。

5.8　635 法

5.8.1　方法概述

635 法又称默写式智力激励法、默写式头脑风暴法，是德国人鲁尔已赫根据德国人习惯于沉思的性格提出的。由于数人争着发言易使点子遗漏，鲁尔已赫对头脑风暴法（奥斯本智力激励法）进行了改造。其与头脑风暴法原则上相同，不同点是把设想记在卡片上。

头脑风暴法虽规定严禁评判，自由地提出设想，但有的人对于当众说出见解会犹豫不决，有的人不善于口述，有的人见别人已发表与自己的设想相同的意见就不发言了，而 635 法可以弥补这种缺点。

635 法要求每次会议有 6 人参加，坐成一圈，需要每人在 5 分钟之内在各自的卡片上写出 3 个设想（故名 635 法），然后由左向右传递给相邻的人。每个人接到卡片后，花 5 分钟再写 3 个设想，再传递出去。如此传递 6 次，半个小时即可完成，可产生 108 个设想。

5.8.2 使用说明

1. 635 法的优点

（1）能弥补与会者因地位、性格的差别而造成的压抑。

（2）不用说话，思维活动可自由奔放。

（3）由 6 个人同时作业，可产生高密度的设想。

（4）每个人可以参考他人写在传送给自己的卡片上的设想，也可改进或加以利用。

（5）不因参加者地位上的差异以及腼腆的性格而影响意见的提出。

2. 635 法的缺点

只是自己看和自己想，激励不够充分。

5.8.3 使用步骤

635 法操作步骤如下。

步骤一：与会的 6 个人围绕环形会议桌坐好，每人面前放有一张画有 6 行 3 列的纸。

步骤二：主持人公布会议主题后，要求与会者对主题进行重新表述。

步骤三：重新表述结束后开始计时，要求在第一个 5 分钟内，每人在自己面前的纸上的第 1 行的 3 格中写出 3 个设想，设想的表述尽量简单明了，每一个设想写在一个小格内。

步骤四：第一个 5 分钟结束后，每人把自己面前的纸顺时针（或逆时针）传递给左侧（或右侧）与会者，在紧接着的第 2 个 5 分钟内，每人再在下一行写出 3 个设想。

步骤五：新提出的 3 个设想最好是受纸上已有的设想所激发的，且又不同于纸上或自己已提出的设想。

步骤六：按上述方法进行第三到第六个 5 分钟，共用时 30 分钟，每张纸上写满 18 个设想，6 张纸共 108 个设想。

步骤七：整理、分类、归纳这 108 个设想，找出可行的先进的解题方案。

5.8.4 应用实例

635 法很适合用于课堂上对学生创意的启发与分享。当前社会高度发展，许多人在高强度的工作与学习中逐渐趋向较为封闭独立的思考与交流模式，学生或许并不热衷于积极在课堂上分享想法。在这种情况下，635 法能有效地让学生将自身创意进行表达，与此同时，老师在运用 635 法进行创新教学时，应当确保每一个创意想法都得到充分展示，引导并激励学生共同得出最终结果。

5.9 随 机 词 法

5.9.1 方法概述

大脑是一个范式系统，喜欢不断加强已有的范式以解决问题。即人们习惯于从已有的经验中总结成功的套路，然后每次都希望按照套路解决新的问题。

1. 垂直思考与水平思考

大多数时候，套路可以让我们高效地完成任务，但套路也会让我们看不见新的思路。英国的爱德华·德博诺博士正是看到了套路——垂直思维的局限性，从而开发出了水平思考的理论和方法。垂直思考，顾名思义就是垂直性的逻辑思考，从问题 A 出发，找到路径 B，再继续追问 C，直到找到最后的答案 D（见图 5-21）。如同打洞一般，垂直思考指引我们在同一个地方把同一个洞越挖越深，直到找到答案。但有时，把一个洞挖得再深，也找不到答案，那该怎么办呢？唯一的方法就是换个地方，再挖！跳出逻辑思考的固有定势，找到另一条思维路径到达目标，这就是水平思考。水平思考就是在别的地方（水平）另挖一个洞！（见图 5-22）

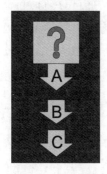

图 5-21　垂直思考

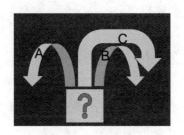

图 5-22　水平思考

当我们需要创新思维时，垂直思考限制了我们思考的维度，让我们只能在同一个地方不停"打洞"，哪怕这个洞下面什么也没有。怎样才能跳出垂直思维的困境，发展水平思维的多维视角呢？德博诺博士认为首先要摆脱支配性观念的影响，寻找看待事物的不同角度。

在历史上，天花凶险异常，夺走了许多人的生命，就连皇帝都因天花而丧命。在古代，得了天花就被认定为必死无疑了，会被隔离。为了对抗天花，人们想尽各种方法但收效甚微。直到 18 世纪，英国的乡村医生爱德华·琴纳观察到，挤牛奶的女工常与患牛痘的奶牛接触，她们的手上会出现牛痘脓疱，但在天花流行时，却从不感染天花。琴纳把他关注的焦点从怎么治疗天花转移到为什么挤牛奶的女工从不得天花这个问题上来，从而找到了通过接种牛痘来预防天花的方法。而琴纳本人也因研究及推广牛痘疫苗预防天花而闻名，被称为免疫学之父。

牛痘疫苗的发明告诉我们，按照垂直思维的路径从"如何治疗天花"出发寻找对抗天花病毒的方法，无法让我们解决问题，当我们跳出垂直思考的窠臼，而从水平思考的角度出发，换成"为什么挤牛奶的女工从不得天花"这个角度重新思考，才找到了对抗天花病毒的方法，并沿用至今。

水平思考让我们从不同的角度看问题，我们需要思考如何寻找看待事物的不同角度，有没有什么日常训练可以帮助我们提高水平思考的能力呢？德博诺博士开发的"随机词"就是一种训练水平思维的有效工具。

2．随机词汇与随机词法

随机词汇是指许多随机挑选的名词，没有任何逻辑关联，它们是思维训练游戏的基础。

抽取随机词的操作要点：

（1）不要以个人喜好进行随机词的选择。

（2）不要考虑随机词与焦点问题的关联。

随机词法是一种运用强制联想激发创意的方法，通过将随机产生的词语与目标问题联系，能获得意想不到的"灵感"，这种方法看似简单，但却需要很强大的联想能力，是一种非常有用而神奇的思维工具。

5.9.2 使用说明

随机词法的操作核心是使用随机词表。那么如何建立自己的随机词表呢？有以下三种途径。

1．随机词表

在《水平思考》一书中提供了一套随机词汇表（见表 5-12），包含各个类别的共 1296 个没有任何联系的词语。

表 5-12　随机词汇表

序号	1	2	3
词组 1	车闸、降落伞、路标、微笑、白云、牙齿	鲨鱼、井、炸弹、舌头、耳朵、无线电	蜗牛、肥皂、浴缸、奖杯、竞赛、能量
词组 2	选票、桶、跳跃、报纸、青蛙、大海	刀、汤、冰激凌、电话、呼喊、律师	脚趾、按摩、钢笔、旗杆、沙丁鱼、调味料

2．随机词卡

随机挑选"随机词汇表"中的 100 个词，制作成卡片（见图 5-23）。

图 5-23　随机词卡

3．随机词程序

德博诺中国区总部开发了在线随机词程序。打开网址 http://random.debonochina.com，可以跟随程序提示，使用随机词。

5.9.3　使用步骤

1．使用随机词表的操作步骤

（1）定义焦点问题。你要解决的问题是什么？这就像靶心，需要你明确目标。还记得之前学过的提出问题的方法吗？无论用什么方法，把你的问题明确地写下来。

（2）获取随机词，掷四次骰子，获得四个数字。

第一个数字，代表所有表格中你要使用的表。

第二个数字，代表使用的表格中选中的列。

第三个数字，代表位于这一列中的组。

第四个数字，代表这一组中具体用到的词。

（3）围绕焦点问题，用选中的随机词激发新的想法。

2. 使用随机词卡的操作步骤

步骤一：定义焦点问题。例如，焦点问题是设计一款新的笔。

步骤二：每组或每人抽取一张随机词卡。如果是小组抽取一张卡片，则需要小组成员把卡片放在中间，大家尽可能说出想法，有一个人负责记录。

步骤三：先通过随机词卡进行发散联想。然后通过这些发散出来的想法激发关于焦点问题的新想法。

3. 使用随机词程序的操作步骤

德博诺中国区总部开发的在线随机词程序可以自动抽取随机词，从属性、特征、用途、情景等方面对随机词进行联想，并将联想的想法与"焦点问题"组合，从而产生解决焦点问题的各种思路和灵感。

4. 随机词法的操作误区

随机词法真的能对任何目标问题有所帮助吗？通过多年的课堂实践和创新培训，我们发现，随机词法是一种简单高效又易于操作的创新思维方法，几乎对任何目标问题都有所帮助。前提是正确使用它。

在具体的操作中，我们需要避免以下几个误区。

（1）不要根据个人的喜好挑选随机词。随机词法的目的就是用一个随机的偶然因素打破逻辑思维的惯性。如果我们只挑选我们认为好的词，那就不会出现偶然性的创新。

（2）对每一个随机词都要充分发散，不要只发散一两个点就满足了。记住，你发散得越多，激发创新的点就会越多。

（3）不要对随机词发散出来的想法进行价值判断，也不要对新产生的解决方案进行可行性判断。本着"多就是好"的原则，在数量优先的前提下考虑想法的质量。

5.9.4 应用实例

1. 使用随机词表的操作实例

（1）定义焦点问题，明确记录下你的问题。例如，我们定义的问题是：改造鼠标。

（2）获得随机词，掷四次骰子，获得四个数字，我们掷四次骰子获得的四个数字是 5、6、1、4。那我们需要找到第 5 张表（见表 5-13），选中第 6 列，找到这一列中的第 1 组的第 4 个词，即"艺术家"。

表 5-13　用随机词表抽取随机词举例

	1	2	3	4	5	6
1	播种 纪念品 铁锹 肋骨 火花 扳手	脚踝 角度 碗 弓 时装店 牛角面包	黏合剂 狂欢 缰绳 芯片 黑猩猩 排钟	名词 小说 新手 门廊 公园 晚会	舰队 网络 果肉 海豚 连衣裙 奶奶	漩涡 花园 跑步 艺术家 围裙 音乐
2	方形 员工 舞台 理智 收据 阅读	地产 论文 逃跑 草药 预兆 故乡	小巷 立方体 袖口 鸭子 学位 地球	树枝 积木 饼 支柱 大头针 皮肤	呼吸 动物 微风 灌木 奶油 大炮	彩旗 燕子 大学 飓风 坦克 钻石
3	膝盖 果汁 废品 柔道 工厂 博览会	阶梯 打火机 灯塔 肚脐 号码 幼儿园	发电机 弹性 自负 绿宝石 昏倒 童话	作业本 玉米 床 摇篮 蝴蝶 勇气	树叶 柠檬 酒精 飞盘 蜡烛 午餐	标题 地震 显微镜 医院 早晨 自行车
4	夜晚 邪恶 书包 海岸 玫瑰 日历	手机 手指 雪人 闪光灯 鹅 花岗岩	冰雕 假日 包子 城墙 房客 粘土	演员 战士 颜料 面包 哭泣 外壳	拳击赛 赛车 鹦鹉 女巫 小木屋 格子	拖把 行星 沙发 唾液 变色龙 优惠券
5	鼠标 斗笠 棉布 玻璃 菠萝 汽笛	毕业生 打猎 白痴 偶像 旅馆 胜利	建筑师 模型 工厂 围墙 标签 空气	入口 泡沫 电梯 游泳池 秋风 明星	气球 空袭 彗星 吸管 眼睛 情书	城市 传送带 游客 塔 指南针 田野

	1	2	3	4	5	6
6	饼干 香水 相片 蚂蚁 曲线 小溪	发明 快乐 儿童 权力 太空 星座	笛子 砖石 女王 被子 菜谱 西湖	疲劳 摔跤 农场 湖泊 父亲 宴会	榔头 朋友 松鼠 肌肉 美食 衣架	海龟 象牙 人工智能 木头 钉子 火柴

（3）重复使用以上方法，可以确定多个随机词。

（4）围绕焦点问题，用选中的随机词激发新的想法。围绕"改造鼠标"这个焦点问题，我们用"艺术家"这个随机词进行激发（见图5-24）。首先，从"艺术家"出发，我们可以发散出"手绘、音乐、烟斗、诗歌、咖啡、灵感、激情"等概念，然后，我们和"鼠标"结合，可以产生手绘鼠标、激光声控鼠标、单击后像烟斗一样会冒烟的鼠标、可以读诗的鼠标、咖啡豆形状的鼠标或散发着咖啡香味的鼠标、不停变换色彩能给人灵感的鼠标、能测试脉搏频次的鼠标等，你可以继续下去，发现随机词法的乐趣！

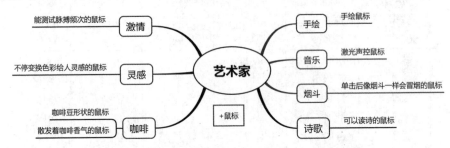

图5-24　用随机词"艺术家"激发关于鼠标的新想法

2．使用随机词卡的操作实例

（1）定义焦点问题。例如，焦点问题是设计一款新的笔。

（2）每组或每人抽取一张随机词卡。如果是小组抽取一张卡片，则需要小组成员把卡片放在中间，大家尽可能说出想到的想法，有一个人负责记录。

（3）先通过随机词卡进行发散联想，如图5-25所示，这张随机词卡"青蛙"，可以让人想到绿色、两栖动物、害虫、跳跃、长舌等。然后通过这些发散出来的想法激发你产生关于焦点问题的新想法，把你的新想法填在括号里吧。

3．使用随机词程序的操作实例

下面这个免费的小程序（见图5-26）有助于在联网的情况下方便有效地进行随机词训练。

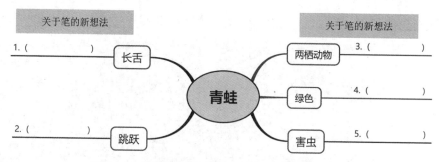

图 5-25　用随机词卡"青蛙"激发关于笔的新想法

图 5-26　程序开始页面

第一步，输入你思考的问题。例如，输入"改进跑步机"（见图 5-27）。

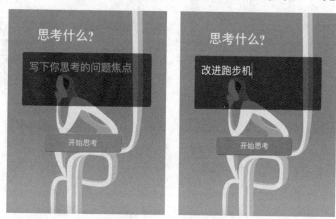

图 5-27　输入你思考的问题

第二步，单击骰子选择随机词（见图 5-28）。页面上会随机出现一个随机词及对应的图片，例如，这里出现的是"瓶子"和瓶子的图片。

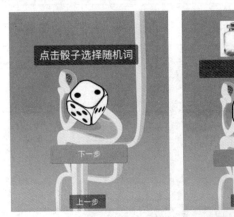

图 5-28　单击骰子选择随机词

第三步，请暂时忘掉要思考的焦点问题，开始就"瓶子"从属性、特征、用途、情景等方面进行联想（见图 5-29），写下联想的内容。例如，通过"瓶子"联想到了"透明""装东西""喝水""圆形""冷水和热水"五个方面。

第四步，用联想的点与焦点问题组合，产生新的想法（见图 5-30）。在这个案例中，我们将"透明""装东西""喝水""圆形""冷水和热水"这五个点分别与焦点问题"改进跑步机"进行组合，产生了新的想法（见表 5-14）。

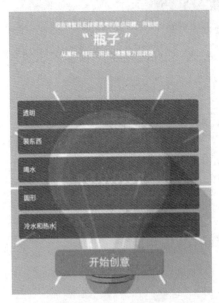

图 5-29　围绕"瓶子"，从属性、特征、用途、情景等方面进行联想

图 5-30　产生新的想法

表 5-14 用"瓶子"+"跑步机"产生的新想法

焦点问题：改进跑步机

项　目	使用随机词"瓶子"产生的新主意	新主意+焦点问题产生的联想	设　计　说　明
1	透明	透明的跑步机,类似苹果电脑的透明机身,可以看见内部构造	很有现代感的设计
2	装东西	可视化显示器,一边跑步一边看见自己消耗了多少"瓶"卡路里	运动的成效实时可见,增强运动的动力
3	喝水	跑步的时候拿水杯不方便,可以安装声控的机械手臂帮健身者递送各类饮品	加入智能设计,使喝水更方便
4	圆形	设定的路线不是圆形的,而是一个可爱的图案。健身者可以看到自己的跑步路线就像在绘制一幅预设的图案	跑圈太无聊,跑出"图案"会增强运动的成就感,提高坚持的动力
5	冷水和热水	为了模拟户外的实景,跑步机可以吹出冷风或热风	类似 4D 影院的体验,弥补了室内运动的不足

5.10 思维导图法

5.10.1 方法概述

我们的大脑里大约有 100 亿个神经元。神经元之间通过电脉冲传导信号连接,每一条神经元都是我们想法或记忆力的一部分。大脑之所以能学习,就是因为神经元之间的连接是永远存在的,大脑总在更新连接线路,神经元不断长出新的分支,形成新的连接。它们连接的地方叫作神经突触,神经递质越过间隙,使神经脉冲继续传导,新的连接形成一个模式,一个新的记忆就诞生了。我们学习的过程,其实就是脑细胞间建立新的连接,并通过重复来加强记忆,连接建立得越牢固,记忆也就越深(见图 4-31)。

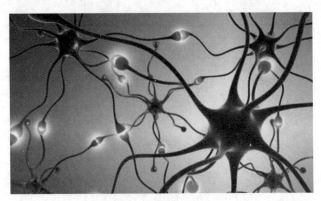

图 5-31　大脑中的神经元

每个神经元胞体内都含有细胞核、树突和轴突，其中，树突将神经冲动传递至胞体，轴突将神经冲动传递给相邻的神经元，神经元的轴突被脂质髓鞘包被，使轴突绝缘，进而可使神经冲动以 100 米/秒的速度，沿轴突呈"跳跃式"传导。受到刺激时，神经元便会兴奋，它们经历化学变化，产生微弱的电流，即神经冲动。神经元相接处称为突触，突触间有一个小小的间隙，神经冲动沿神经元轴突高速传递，在神经元的末端，轴突末梢与相邻神经元的树突于突触处相遇，神经冲动以化学形式进行传递，轴突终端为突触壶腹，内有含神经递质的小囊泡（红色），神经递质使神经冲动通过突触间隙，当神经冲动到达壶腹时，小囊泡释放神经递质分子，进入突触间隙，触发下一个神经元产生神经活动。新产生的神经冲动便沿第二个神经元的轴突继续传递。

东尼·博赞正是在研究了大脑的构成和运作特点的基础上，发展出了更适宜人脑接受的思维工具——思维导图。思维导图又名心智导图，是高效表达发散性思维的有效图形思维工具，具有很强的实用性。思维导图通常文字与图像兼具，把各级主题的关系用相互隶属与相关的层级图表现出来，把主题关键词与图像、颜色等建立记忆链接。

先看下面这张思维导图（见图 5-32）。水果有哪些？我能想到的是橘子、苹果、香蕉、樱桃和菠萝。橘子富含维生素 C，经常被榨成果汁。苹果让我想到亚当和夏娃的故事，当然，多吃苹果可以远离医生。香蕉是黄色的，原产自加勒比海地区，富含钾。樱桃开的花很美，种下樱桃核可以长出一个果园。菠萝是来自热带的水果，鸡尾酒里经常加菠萝。思维导图法是一种有效的思维模式，应用于记忆、学习、思考等的思维模型，有利于人类开拓发散性思维，挖掘人脑的无限潜力。

图 5-32　水果的思维导图

5.10.2　使用说明

对比传统的记笔记方式和思维导图，你会发现思维导图的两大特点，即发散和图像。

1. 发散

大脑中的每一条信息都可以作为一个中心球体表现出来，同时又和其他的中心球体链接。因此我们也需要用发散的方式记录和表达我们的想法。这也是最容易让我们的大脑接受的方式之一。

2. 图像

我们常将人区分为左脑人（科学家）和右脑人（艺术家），但这种区分限制了我们的潜力，我们能够将两个半脑同时使用。在教育领域，长年累月的 3RS（read/write/arithmatic style）训练使我们左脑的言语和逻辑思维能力方面不断得到加强，却难以发展出右脑的创造思维。思维导图就是要充分发挥左右脑协同工作的优势，提倡用图像和色彩表达抽象的想法。

思维导图的绘制有手绘和软件绘制两种形式。如果是手绘，那么建议准备如下工具。

（1）手绘思维导图需准备：A4 白纸一张、彩色水笔和铅笔。

（2）手绘思维导图的入门工具有笔、A4 纸。

（3）手绘思维导图的升级工具有铅笔、签字笔、针管笔、橡皮、黑色和灰色双头马克笔、水彩笔或彩铅、绘图本。

如果是用软件绘制，那么推荐如下两款思维导图软件。

（1）iMindMap 是思维导图创始人东尼·博赞开发的思维导图软件，线条自由，具有手绘功能。它结合独特的自由形态头脑风暴视图模式和系统的思维导图视图模式，是最符合东尼·博赞思维导图设想的软件。

（2）XMind 是一款非常实用的思维导图软件，XMind 文件可以被导出成 Word/PowerPoint/PDF/TXT/图片格式等，XMind 不仅可以绘制思维导图，还能绘制鱼骨图、二维图、树形图、逻辑图和组织结构图，在日常生活中也是一款常用的软件。

5.10.3　使用步骤

1．发散步骤

步骤一：从白纸的中心开始画，周围要留出空白。

步骤二：连接中心图像和主要分支，再连接主要分支和二级分支，接着再连二级分支和三级分支，依次类推。

步骤三：用曲线连接，不要使用直线连接。

步骤四：每条线上注明一个关键词。

2．如何图像化？

步骤一：用一幅图像或图画表达你的中心思想。

步骤二：绘图时尽可能地使用多种颜色。

步骤三：自始至终使用图形。

用思维导图总结如何画思维导图，如图 5-33 所示。

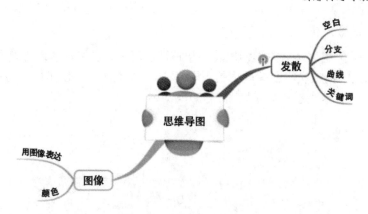

图 5-33　如何画思维导图

5.10.4　应用实例

　　思维导图在实际应用中分为整理型思维导图和创造型思维导图，整理型思维导图可以帮助我们把散乱的知识整理为有序的知识，把混乱的思路整理为有序的观点，整理的过程就是思维从无序到有序的过程。创造型思维导图能帮助我们从一个思维原点出发发散出多个想法，从而创造新的思路。由此可见，整理型思维导图是收敛思维在起主导作用，而创造型思维导图则是发散思维在起主导作用。

　　整理型思维导图的特点是收敛和整理，主要应用于读书笔记、演讲提纲、文章结构、日程安排等方面，应用的方法是分类和合并。创造型思维导图的特点是发散和创造，主要应用于产品创新、广告创意、方案设计等方面，应用的方法是联想开花、联想接龙，如图 5-34 所示。

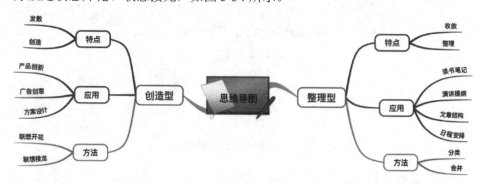

图 5-34　思维导图的分类（整理型和创造型）

创造型思维导图主要用来激发创意，有联想开花和联想接龙两种训练方法。

1. 联想开花

先写下关键词，从关键词出发，从特征、属性、用途、情景等方面进行联想，把想到的词依次写在关键词的周围。好像头脑爆炸，炸出了好多想法的"小火花"，这就是联想开花（见图5-35）。

图 5-35　联想开花

以"家"为关键词，我想到的是"家人""房子""爱""春节回家""爸爸做的菜""妈妈的唠叨""门前的街道"，这是我关于"家"开出的 7 朵花，你能开出什么花呢？画在下面吧！（见图 5-36）

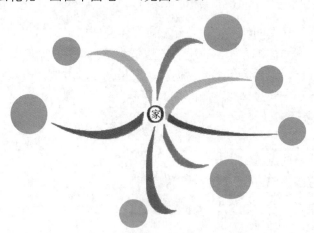

图 5-36　你对"家"的联想

2. 联想接龙

如图 5-37 所示，以"家"为关键词，写下第一个从你脑袋里蹦出来的词，再写下这个词让你想到的下一个词，一个词接一个词地写下去，这就是联想接龙。

图 5-37 "家"的联想接龙

从"家"出发，每个人联想的路径是不同的，我从"家"联想到"妈妈"，最后联想到了"霍金"。从"霍金"开始，你的联想路径是什么样的呢？写在下面吧！

5.11 讲故事法

5.11.1 方法概述

一个人在讲故事时，思维飞速运转，需要围绕特定的主题快速生成内容，因此，在讲故事的过程中，一个人的创意会被不断激发，以将故事延续下去。常见的讲故事的方法有 4W 故事创编法、随机词故事法和故事接龙法。

5.11.2 使用说明

讲故事法的魅力在于不同随机元素通过故事串接起来后能碰撞出灵感与创意。4W 故事创编法中的 4W 是指时间（when）、地点（where）、人物（who）、事件（what）四个基本元素，这四个元素也是构成故事的四个基本元素。随机词故事法则是运用随机词卡讲故事，随机抽取 5 张没有任何关联的随机词卡片，用它们讲一个故事，故事里必须出现这 5 个元素，且它们出现的顺序可以任意调换。故事接龙法由一个人给出故事的开头，其他参与者依次接龙，把故事接下去。要求故事连贯自然，逻辑正常，每个讲故事的人都只能讲 3 句话，第一句连接前一段故事，第三句设计一个有悬疑的结尾。

5.11.3 使用步骤

4W 故事创编法与随机词故事法首先需要事先准备好讲故事需要的元素，元素的抽取是对"随机词"法的发展应用，随机选取四个故事基本元素和五个随机词卡并将它们摆在一起，然后合理使用抽取的所有元素讲述故事。

故事接龙法则首先需要确定讲故事的人与讲述顺序，随后由第一个人开始讲故事，其余参与者依次接龙，故事的连接要自然、不违背逻辑，每个讲故事的人讲述的第一句话须连接前一段故事，讲完 3 句话之后下一个参与者接上。

5.11.4 应用实例

1．4W 故事创编法

来看看"500 年后"+"地铁站"+"李白"+"参加演唱会"这个故事的创编结果吧！

500 年后，也就是 2523 年，你知道那时的城市地铁是什么样吗？（停顿）其实那时的城市地铁已经不能被称作"地铁"了，而是一个地下交通网。就像科幻小说中的远距离传送一样，那些交通工具在地下高速穿梭，每隔一段距离有一些站台，我们可以从地面坐地铁到达……

有一天，站台上突然出现了一位身穿白色长衫的人，他就是从唐朝穿越到 2523 年的李白！（神秘的表情）

当年李白经常喝醉了以后作诗，一次，他喝醉以后不知不觉穿越到了未来的地铁站！当他看见眼前穿梭不停的"神秘飞行物"时，正在疑惑不解，就被人流挤进了其中一辆通往演唱会的地铁。

来到演唱会现场，李白以为大家正在举行"诗词大会"，于是登台献唱，"与君歌一曲，请君为我侧耳听"，古风古调，立刻被众人圈粉。

酒醒后，李白回到了唐朝，提笔写下了"钟鼓馔玉不足贵，但愿长醉不愿醒"的名句。

看似毫无逻辑的四个随机词，在这位"编剧"创编的故事中显得如此合乎逻辑，又充满创意！

这就是 4W 故事创编法的魅力。经常训练，我们的发散思维和收敛思维都能得到提高。

2. 随机词故事法

运用随机词故事法讲的故事里必须出现 5 个元素，但它们出现的顺序可以任意调换。例如，我们抽出的 5 个随机词分别是牙膏、灯泡、猫、羽毛球、芯片。请用这五个关键词分别讲一个童话故事、悬疑故事和科幻故事。

3. 故事接龙法

例如在一场故事接龙中，第一个人给出如下故事开头。

一天，张军走在大街上，突然看见一个人，只觉得眼熟，这让他想起了十年前发生的一件事⋯⋯

故事接龙 1：

（第一句）十年前，他和儿子开车去云南的一个村庄看望自己的父亲。（连接前面的故事）

（第二句）快到村子的时候，汽车发生事故，一位叫阿朗的好心人帮他们脱离了险境。

（第三句）后来听说，阿朗因病去世了，但他今天怎么会出现在这里呢？（悬疑的结尾）

故事接龙 2：

（第一句）"阿朗？"张军试探着喊了一声⋯⋯（连接前面的故事）

（第二句）那个人停住了，疑惑地问："你⋯⋯你认识我父亲吗？"

（第三句）张军正要回答，那个人却像突然想起了什么，迅速地跑开了⋯⋯（悬疑的结尾）

好玩吗？试着把故事接下去吧！

故事接龙 3：

（第一句）

（第二句）

（第三句）

故事接龙 4：

（第一句）

（第二句）

（第三句）

5.12 双气泡图

5.12.1 方法概述

收敛思维的特点之一是概括，就是把不同事物的共同的、本质的特征抽取出来。我们应如何概括呢？一起来学习一种思维工具——双气泡图。

双气泡图是气泡图的升级，顾名思义，是由两幅气泡图结合而成的，用于找到两种事物的相同之处。我们先分别从两个事物的特征、属性、用途、情景等方面展开联想，形成两幅气泡图，然后找出其中相同的点，将两幅气泡图合并成一幅气泡图。

5.12.2 使用说明

（1）发散的词越多越好。两个关键词的发散一定要充分，尽可能多地写下联想到的词语，越多越好。因为只有我们把这两个关键词充分展开，它们之间的共同点才容易暴露出来。

（2）按照特征、属性、用途、情景的顺序进行发散。对于第一个关键词，按照特征、属性、用途、情景逐步进行发散，不要打乱顺序，同样，对于第二个关键词，也按照属性、特征、用途、情景逐步进行发散，不要打乱顺序。

（3）一边发散一边联系。在做第二个关键词发散的同时，一边发散一边找和第一个关键词发散的共同点。如果在表述上略有不同，那么在语言上尽量使用同一个词语。

5.12.3 使用步骤

步骤一：第一个关键词发散。先写下第一个关键词，从这个词出发，从特征、属性、用途、情景等方面进行联想，把想到的词依次写在第一个关键词周围的气泡里。

步骤二：第二个关键词发散。再写下第二个关键词，从这个词出发，从特征、属性、用途、情景等方面联想，把你想到的词依次写在第二个关键词周围的气泡里。

步骤三：找相同。找到两幅气泡图中相同、相似或相关的点，用笔圈出来。
步骤四：画双气泡图。把相同的点放在中间，将两幅气泡图连成一幅。

5.12.4　应用实例

1. 第一个关键词发散

从特征、属性、用途、情景等方面对关键词进行联想，并把想到的词写在关键词周围的气泡里。如图 5-38 所示，我们想要找到汽车和钢琴的共同之处。先在第一个圆圈里写下"汽车"，然后从特征、属性、用途、情景方面依次进行发散，形成第一幅气泡图。

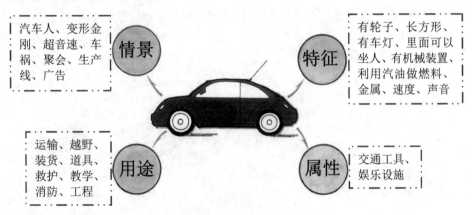

图 5-38　"汽车"的气泡图

汽车的特征：有轮子、长方形、有车灯、里面可以坐人、有机械装置、利用汽油做燃料、金属、速度、声音。

汽车的属性：交通工具、娱乐设施。

汽车的用途：运输、越野、装货、道具、救护、教学、消防、工程。

汽车的情景：汽车人、变形金刚、超音速、车祸、聚会、生产线、广告。

2. 第二个关键词发散

接着，我们在第二个圆圈里写下"钢琴"，然后从特征、属性、用途、情景方面依次进行发散，形成了第二幅气泡图（见图 5-39）。

钢琴的特征：键盘、黑白、方形、机械装置、声音。

钢琴的属性：乐器、娱乐设施、装饰品。

钢琴的用途：娱乐、演奏、道具、教学。

钢琴的情景：音乐会、聚会、广告。

图 5-39　"钢琴"的气泡图

3．找相同

通过对比，我们找到了"汽车"和"钢琴"几个相交的点：机械装置、声音、娱乐设施、教学、道具、广告，然后也画双气泡图（见图 5-40）。

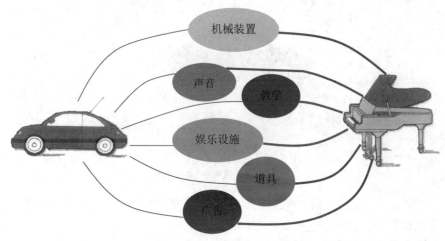

图 5-40　"汽车"和"钢琴"的双气泡图

5.13　桥　　图

5.13.1　方法概述

收敛思维有特定方向，是从四周向一个目的地聚集和收拢。例如，我们要找出不同事物之间的共同特征，那么，无论它们之间的差异性有多大，共同特征就是我们要思考的方向。

如何找出不同事物的共同特征呢？在修辞中，我们使用比喻。两种事物彼此之间有相似点，使用一个事物比喻另一事物。这正如毛泽东在《水调歌头》中所写的"一桥飞架南北，天堑变通途"，两个不同事物之间的意义鸿沟——"天堑"，因为一个恰当的比喻——"桥"而彼此连接，成为"通途"。

在这里，我们介绍一种可视化的思维工具——桥图（bridge map）。

桥图是一种主要用来进行类比的视觉工具（见图 5-41）。桥相当于"就好比"。桥的左边横线上是比喻的"本体"，右边横线上是比喻的"喻体"。本体和喻体是本质不同的事物。如果仅仅是这样，那么桥图只是展示了两种事物而已，要让两种事物联系起来，就需要在桥下面的横线上写下"相关因素"，这才是桥图成立的关键。

图 5-41　桥图示意图

5.13.2　使用说明

一个好的桥图需要逻辑合理、迅速和提供多种可能性。

（1）逻辑合理。写下的"相关因素"必须在逻辑上与桥两边的元素都相关。试着在以下几个桥图中写出"相关因素"，让它和另一个元素相关（见图 5-42）。

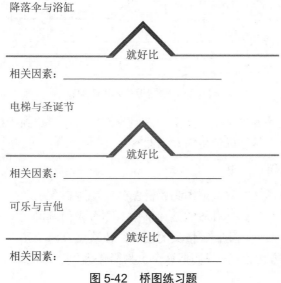

图 5-42　桥图练习题

（2）迅速。尽可能快地写出"相关因素"，越快越好。思维的速度体现了收敛思维的流畅程度。刚开始的时候，你可能要花 3 分钟才能写出来，之后只需花 2 分钟，1 分钟，甚至 15 秒，10 秒……通过反复的训练，我们的收敛思维的流畅度会越来越好。

（3）多种可能性。当我们能够快速地写出一个"相关因素"时，不要对自己说"够了"，接着写出第二个、第三个相关因素，直到再也想不出来为止。

现在试着在下面重新写出三个相关因素（见图 5-43）。

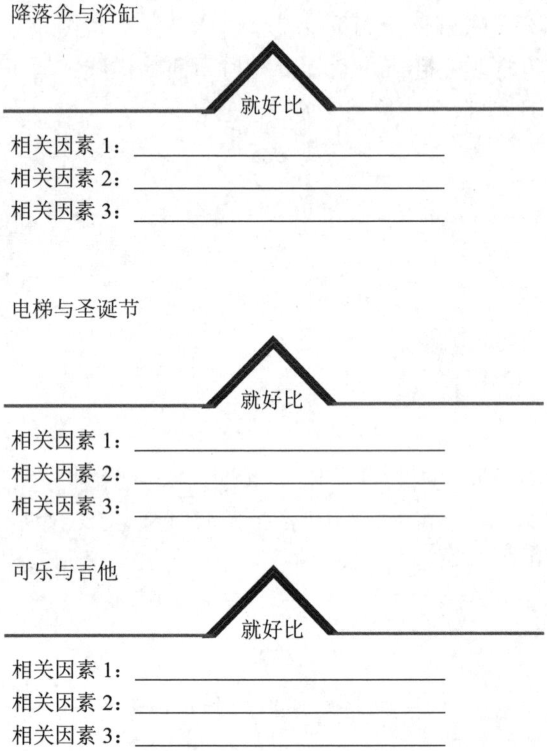

降落伞与浴缸

就好比

相关因素 1：_____
相关因素 2：_____
相关因素 3：_____

电梯与圣诞节

就好比

相关因素 1：_____
相关因素 2：_____
相关因素 3：_____

可乐与吉他

就好比

相关因素 1：_____
相关因素 2：_____
相关因素 3：_____

图 5-43　桥图相关因素练习题

桥图的关键是找到"相关因素"，但我们如何才能找到"相关因素"呢？有没有什么思维工具可以使用呢？当然有。

1. "特属用情"法

还记得前面学过的双气泡图吗？桥图的底层逻辑其实就是双气泡图。如果我们要对比的两个元素是具体的某种事物，那么我们就可以使用双气泡图的方法，按照特征、属性、用途、情景的顺序，依次展开两个元素，然后找出两者的共同点。为了方便记忆，我们把这个工具简化为"特属用情"法（见图 5-44）。

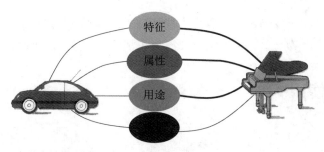

图 5-44　特属用情法

2．5W3H 法

如果我们要对比的两个元素是具体事件，那么除了在特征、属性、用途、情景四个维度进行对比，还可以加入 5W3H 的对比维度（见图 5-45）。

图 5-45　5W3H 法

5W3H 法就是从人物（who）、事件（what）、时间（when）、地点（where）、原因（why）、方式（how）、数量（how many）、多少钱（how much）这几个维度寻找相关性。

例如，奥斯卡和奥运会是两个具体事件，如何找到它们之间的关联呢？下面，我们用 5W3H 表格（见表 5-15）来寻找关联。

表 5-15　"奥斯卡"和"奥运会"的共同点列表

5W3H	共 同 点
人物（who）	优秀的演员、优秀的运动员
事件（what）	盛会、颁奖典礼、荣誉、全球瞩目
时间（when）	间隔举行（一年一次或四年一次）
地点（where）	城市
原因（why）	表彰优秀、评选最佳
方式（how）	聚会、团体、国家、男女分组、评委
数量（how many）	获奖率低、含金量高
多少钱（how much）	无价

这个例子中，我们在两个事件上找到它们的"关联"之处。此外，我们还可以在人与事、物与事等方面尝试"特属用情"法与5W3H的组合使用。

5.13.3　使用步骤

1．搭桥

在桥图的左右两边分别写下本质不同的两个名词。

桥图的使用场景有以下两种。

（1）收敛思维训练。由教练员在随机词卡中随机抽取词语，放在桥图的左右两边，让学生填写桥下的"相关因素"。

（2）产品开发。如果要用某种已有技术启发新技术的发明，也可以使用桥图。

2．过桥

在桥下写出"相关因素"，并且逻辑合理，才算"过桥"。其实搭桥就是提出问题，而过桥才是解决问题的过程。因此，顺利"过桥"是收敛思维训练的目的。最终我们要完成一个比喻句，句式结构如下：

A 就好比 B，因为＿＿＿＿＿＿＿（解释相关性）

5.13.4　应用实例

在搭桥过程中，某公司在设计一种新的发动机时（见图5-46），把自己的新发动机比喻成"穿职业装的橄榄球选手"，这两者的相关因素是"运动的威力与优雅的职业礼貌之间保持平衡"。它甚至还将这一概念具体深化为一个涵盖若干关键阶段的过程，以把握一辆车应该具备什么样的独特优点。全球著名的创新设计咨询公司 IDEO 也在各种产品上运用比喻，这些产品包括从办公室椅子到苏打水杯在内的许多物品。维克特卡特椅子很容易叠放在一起，"叠　放"这一创意来自于超市的手推车，我们可以把这个创意还原成以下桥图（见图5-47）。

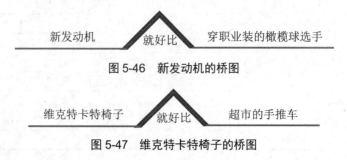

图5-46　新发动机的桥图

图5-47　维克特卡特椅子的桥图

而在过桥过程中，A 就好比 B，因为＿＿＿＿＿＿＿（解释相关性）。

例如，新发动机就好比穿职业装的橄榄球选手，因为它既有运动的能力又有优雅的礼仪（见图 5-48）。

图 5-48　新发动机的桥图

又例如，维克特卡特椅子就好比超市的手推车，因为它们都可以叠放（见图 5-49）。

图 5-49　维克特卡特椅子的桥图

5.14　拼　图　游　戏

5.14.1　方法概述

收敛思维的特征之一是抽象化，就是从纷繁复杂的现象中抽取本质要素的能力。抽象是去除非核心的要素、提炼本质特征的一个过程。抽象让人们挣脱具体细节的束缚，领悟到思考对象的根本特征。

拼图游戏正是一种强调透过现象抽取本质的训练方式，我们提供内容不同的三幅图，要求参与训练的人快速地从三幅图中提炼出共同的抽象词语，越多越好。这里的"拼"不是指具体图像的拼合，而是指在抽象意义上合为一个概念。

5.14.2　使用说明

拼图游戏需要从随机抽取的图片中提取要素并将其拼接凝练，提取出来的要素应当摆脱具体图像的束缚，将具体连接到抽象，从而达到训练思维的目的。

5.14.3 使用步骤

1. 抽图

从随机词卡中随机抽取三张卡片，无论你是否喜欢，都不可更换。

2. 二拼图

从任意两张卡片开始，尽量用抽象词语描述其中的图像。

3. 三拼图

把从二拼图中得到的抽象词带入第三张卡片，看是否能描述第三张卡片？如果可以，那么我们就完成了这个拼图游戏。如果不可以，我们需要多试几次。

5.14.4 应用实例

1. 抽图

从随机词卡中随机抽取三张卡片，无论你是否喜欢，都不可更换。假如我们抽取的三张卡片分别是太阳、足球和猫（见图 5-50）。

图 5-50 抽取的卡片

2. 二拼图

从任意两张卡片开始，用抽象的词语描述其中的图像。例如，把"太阳"和"足球"拼在一起，会让我们联想到"流汗"和"热情"。晒太阳会让我们流汗，踢足球也会让我们流汗，那么"流汗"是不是我们要找的抽象词呢？当然不是。流汗是具体的情形，不是抽象的。太阳会产生热量，热量会让我们联想到热情；足球也是需要热情的，所以"热情"才是我们凝练出来的抽象词语。

接着把"太阳"和"猫"拼在一起，凝练出来的抽象词语可能是"懒""迷人""温暖"。把"猫"和"足球"拼在一起，凝练出来的抽象词语可能是"快乐""热爱"。

3．三拼图

把从二拼图中得到的抽象词带入第三张图，看是否能描述第三张图？如果可以，那么我们就完成了这个拼图游戏。如果不可以，我们需要多试几次。

把"太阳""猫"和"足球"三拼后，我们发现符合逻辑的抽象词语是"快乐""热情""热爱"。

4．升级拼图游戏

我们常说，一图抵万言。也就是说，一张图往往可以传达很多意思。在上述案例中，我们给的卡片中仅有一个单一元素（太阳、猫、足球），三张图的拼合过程其实就是找寻三个元素的统一抽象词的过程。如果我们给的图中包含多种元素，可以表达多种意义，那么我们拼合的方式就会复杂很多。如图 5-51 这样的图片，我们可以发散的抽象词语就有"学习""思考""安静""汇聚"等。

图 5-51　随机图

如果有三张这样的图拼在一起，我们就需要借助思维导图——三气泡图玩转升级版的拼图游戏。具体方法请回顾"双气泡图"一节的内容。

5.15　找　不　同

5.15.1　方法概述

找不同法又叫异类排除法，是 20 世纪 70 年代水平思维的发明者德博诺博士在为儿童设计的"脑图笔记"系列卡片的基础上演变而来的。

5.15.2　使用说明

如果说在图案中找不同有唯一标准答案，那么利用抽象思维在两个随机词中"找不同"，可能会产生千差万别的答案。这就提醒我们，不要着急否定一个孩子的答案，而要问问为什么，为什么他认为这个和其他的不同呢？耐心倾听孩子们的答案，你会发现孩子们的创新思维远远超过我们的想象。这也就说明为什么有的智力测试不一定准确。

我们给一个 10 岁的男孩做智力测试，其中一题是给出四张图片（见图 5-52），每张图都标注图形的名字，第一张是太阳，第二张是月亮，第三张是地球，第四张是柠檬。要求小男孩选出与其他不同的一个。

图 5-52　太阳、月亮、地球、柠檬

在智力测试中，正确的答案是柠檬。但小男孩选择了地球。

小男孩的智力被标注为比较低。因为对这个问题，以及很多其他问题，他都没有给出显而易见的有"逻辑性"的答案。事实上，他的回答中有很多都和这个问题的答案一样，令人费解，以至于测试者已经开始怀疑，小男孩是不是存在某方面的智力缺陷。

他们把小男孩带去诊所，将他的答案逐一过了一遍，并请他解释为什么会这样选择。小男孩的回答令人吃惊，也令在场的很多心理学家自惭形秽。被问到为什么选"地球"而不选"柠檬"时，小男孩用诧异的目光看着他们，回答的声调中带有对他们常识不足的同情："因为只有地球是蓝色的啊！"

收敛只要有方向性就可以了，至于是什么方向则不用强调，那正是创新思维的独到之处。

因此，我们要鼓励答案的多种可能性，只要言之有理就是好的答案，甚至越少有人提到的答案和解释的角度，越应该被鼓励。

5.15.3　使用步骤

步骤一：选中 4 个随机词语。

步骤二：按一定的依据在上述词语中找出"异类"。

步骤三：定义这种依据

注意，尽量不要用过于明显的理由将某个词语排除，比如字数不同或发音、部首不同等。避免把写法、读法等因素作为排除因素。

5.15.4 应用实例

随机词分别是书、菠菜、可乐、美人鱼

你会立刻想到，美人鱼是这 4 个词中唯一的可以自由活动的。"美人鱼"可以被排除。

换个角度再想一想：

"书""菠菜""可乐"都是人类的"食粮"（物质的，或精神的），但"美人鱼"不是。还是把"美人鱼"排除。

还有呢？

"书""美人鱼""可乐"都是被人类创造出来的，但"菠菜"不是。这次，我们把"菠菜"排除。

5.16 小 结

创意的产生需要外界刺激的激发，已经确定的矛盾、最终理想解就是创意的起点。本章将能够激发创意的单元或系统称为创意触发器。单元型创意触发器是主要由单一元素或事件激发设计师的思考，从而产生新的创意。如头脑风暴法、635 法、讲故事法、双气泡图、桥图、拼图游戏、找不同等方法。系统型创意触发器主要由一系列单元型创意触发器组成的整体来激发设计师的创意。如 40 个发明原理、76 个物场标准解、N 个科学效应等都可以成为创意触发器，其中的每个概念都是大脑创意的触发点。系统型触发器和单元型触发器的结合将会提高创意构思的效果和效率。

在创意构思的实践中，随着使用者熟练程度的不断提高，概念提取、随机词、思维导图、635 法、讲故事、双气泡图、旧元素新组合等方法产生的创意，只是在自己经验范围内前进了一步，依然存在着一定的局限性。这是因为这些方法大都只是提供了其他视角，来分析已经存在于自己头脑中的以往经验，将其与其他经验结合起来，从而创造出新的事物。这就像是只用"过去用过的食材"进行烹调。虽然通过学习新的烹调方法能够暂时增加菜品种类，但反复实践就会发现，菜品的范围还是有限的。

　　这样一来，我们就需要新的食材，也就是不同于以往的经验和信息。这就要求我们在不同于以往的新领域进行学习。TRIZ 理论包含了在不同领域进行学习的方法，甚至其中已经包含了不同领域的知识，而且这种方法还是经过数百万数据验证的理论。因此，本章探索性地将 TRIZ 理论中的 40 个发明原理、76 个物场标准解、N 个科学效应、剪裁、功能导向搜索等方法引入创意构思方法，一方面，可以将这些原理作为解决问题的线索；另一方面，还可以获得如何重新组合已有要素的重要启示。

第 6 章　具化结晶与原型塑造

本章是系统性创新设计思维的第四步（见图 6-1），具化结晶与原型塑造。即通过语言、文字、图形、视频、实物模型等方法，将抽象的创意和最终理想解具体化、可视化、固化。在具体化的过程中，可以逐步完善创意，发现问题。主要的具化方法有创意可视化、方案草图、创意视频、纸板原型、3D 模型等。具化的过程是使创意从抽象到具体的过程，能展示或表示给用户或其利益相关方看见的文字方案或事物模型，辅助其理解创意中蕴含的思想和观点，并判断是否能满足最初的需求。

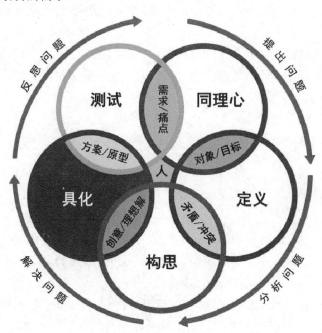

图 6-1　系统性创新设计思维第四步：具化结晶与原型塑造

6.1 创意可视化

6.1.1 方法概述

如何把头脑中的创意展示给他人呢？在小组沟通、提案汇报或方案展示中，我们都需要用到一种将思维外化的能力，这就是创意可视化。创意可视化其实也是视觉思维。对于转瞬即逝的灵感火花、创意火花，模糊的思想，需要用最熟悉的语言、文字、符号将其快速地描述和记录下来。这是构思创意过程中非常重要的一步。不能使用烦琐的或是不熟悉的工具，这会阻碍思想的流动，失去灵感的火花。

图形能够激发更多的想象力。在向大家讲述自己的创意时，如果仅仅用语言文字阐述，听众会很快疲惫不堪。因此，当我们要表达创意的时候，用图形与文字结合的方式进行表达，能更好地激发听众的想象力，从而给听众留下深刻的印象。

在新媒体时代，我们都喜欢看视频和长图文章，这是因为我们是天生的视觉思维实践者，在接触语言和文字之前，我们的视觉思维在记忆和表达方面发挥着重要作用。

6.1.2 使用说明

视觉传达不是艺术，只是一种思维的表达方式。和艺术绘画不同，视觉传达追求的是快速和表达。

首先是快速，3 分钟内画出来，这就是快速。用思维导图、轮廓线、符号等表达思维，让别人看懂你的思维路径，就是好的视觉传达。不要考虑传统绘画所强调的明暗关系、透视等艺术问题。

其次是表达，如果你的图能让人在 3 秒钟内明白你要表达的意思，就是好的视觉传达。就像 PPT 一样，它的主要功能是沟通，不是艺术。

为了达到"快速表达"的要求，我们就要学会一种快速有效的绘画方式，用最简单的方式表达创意！

6.1.3　应用步骤

1．用"小人"表达动作

如何表达动作呢？先从画"小人"开始（见图 6-2）。大家都画过火柴人吧？你只需要稍作改进就可以了。在绘画中，最难的是画人，现在你已经学会画人了，其他的更不在话下！现在我们要用这个"小人"表达一些动作，例如抉择、对话、团结。该怎么画呢？很简单，只要变换一下动作就可以了。

　　　（a）火柴人　　　　　　（b）抉择　　　　　　（c）对话　　　　　　（d）团结

图 6-2　简易图形的示例

2．用表情包表达情绪

用画"小人"的方式解锁了一切动词的表达之后，我们一起来玩画表情包的游戏，用表情包表达情绪（见图 6-3），如开心、伤心等。表情包就是在一个圆圈里，通过眼睛、嘴巴等的变化表达各种情绪。

（a）开心　　　（b）伤心　　　（c）惊讶　　　（d）好主意　　　（e）叹气　　　（f）鬼脸

图 6-3　简易表情示例

3．用基础形表达任意物体

现在把绘画的范围拓展到任意物体，只用以下三把"钥匙"就能轻松搞定（见图 6-4）。

（1）第一把"钥匙"：只看外形大致轮廓，别看细节。画任何物体之前，先眯起眼睛，只看物体的外部轮廓，不看里面的细节。这时候的物体就简化成了一个剪影。

（a）三角形　　　　　　　（b）方形　　　　　　　（c）圆形

图 6-4　简易图形示例

（2）第二把"钥匙"：基础形状（三角形、方形、圆形）。任何物体都是由三角形、方形、圆形这三种基础形组合而成的（陈资璧，《你的第一本思维导图操作书》）。

（3）第三把"钥匙"：在剪影的基础上，看看物体是由什么形状组成的。例如，"手机"其实就是一个长方形，热带鱼其实就是一个大三角形（鱼身）和一个小三角形（鱼尾）组成的（见图 6-5）。

（a）手机（长方形）　　　　　　　（b）热带鱼（三角形）

图 6-5　典型物体形状示例

有了以上视觉传达的基础，我们就可以表达丰富的信息了。

6.1.4　应用实例

1. 视觉传达实例

图 6-6 所示是两个学习小组利用简单图形的组合设计出的可视化表达，清晰直观地表达了小组的创意和思考。

（a）"星语诚"小组对校内通勤问题的表述

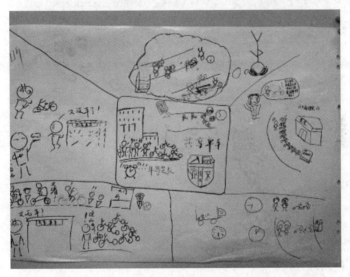

（b）"牛马芝"小组对校内共享单车不方便获取的表述

图 6-6　学生视觉传达作业实例

2．分析可视化

大脑处理问题的过程是复杂的、隐蔽的，如何才能将分析的过程展现出来呢？我们需要学习分析可视化的工具，例如 PEST、SWOT 和品牌矩阵。

PEST 分析是指宏观环境的分析，P 代表政治（politics），E 代表经济（economy），S 代表社会（society），T 代表技术（technology）。在分析一个企业所处的外部环境时，通常通过这四个因素分析企业所面临的状况。如

图 6-7 所示，是两组学生对化妆品市场的 PEST 分析作业实例。

（a）化妆品市场的 PEST 分析作业 A

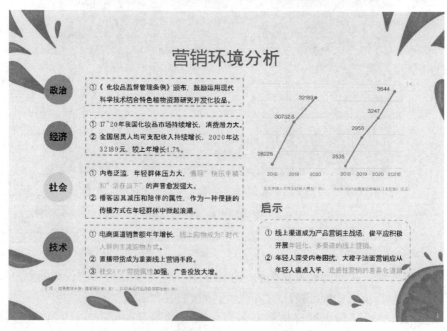

（b）化妆品市场的 PEST 分析作业 2

图 6-7　学生化妆品市场的 PEST 分析作业实例

SWOT 分析是将组织的强项和弱项、环境的机会和威胁有机组合起来进行分析，其中，S（strengths）表示优势，W（weaknesses）表示劣势，O（opportunities）表示机会，T（threats）表示威胁。通过综合分析寻找可能的解决方案。图 6-8 是两组学生的 SWOT 分析实例。

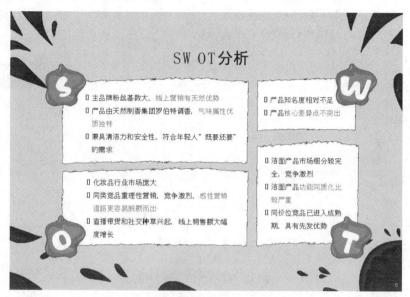

（a）某洁面产品的 SWOT 分析

（b）某社交软件的 SWOT 分析

图 6-8　学生 SWOT 分析作业实例

矩阵图表（见图 6-9）用 X，Y 轴分别横跨两个不同的价值刻度，例如理性/感性、精英/大众。矩阵图被普遍运用在品牌相关活动上，包括产品开发、包装设计、指示设计、标志设计、室内设计、服务设计等。涵盖范围广。设计师能协助企业或机构更新原有的品牌形象，或者重塑新的品牌形象。不论是为一个大家十分熟悉的糖果做包装修改，还是从零开始创造一个全新的产品，设计师和客户都可以使用矩阵图了解品牌和其他类似产品的市场定位。

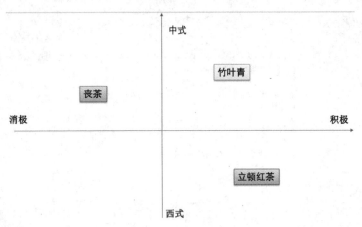

图 6-9　茶品牌的矩阵分析

我们可以绘制不同详细程度与形式的品牌地图（brand map）。在绘制的过程中，人们可以思考他们对于特定产品，如一辆福特（Ford）的"探险者"（Explorer），或一个较大的产品类别，如运动型多功能车（SUV），有什么样的感觉。设计师能利用矩阵图上的类别，从知名度、价格/价值、口碑、安全与市场区分等方面定位品牌，矩阵图也可以将其他各式各样的内容视觉化。

品牌矩阵大致分以下三步：

（1）在一个品类中，哪些要素决定了品牌形象的差异？找出这些关键要素。对茶品牌而言，文化属性和态度倾向就是两个关键要素。

（2）找到关键要素的两极化特征。例如茶文化的两极化特征——中式/西式，态度倾向的两极化特征——积极/消极。

（3）建立横坐标和纵坐标，并将要研究的品牌标注在坐标系中。

通过对品牌矩阵的综合观察和思考形成品牌问题的解决方案。

在 PEST 分析和 SWOT 分析的基础上，设计师对产品和市场已经有了一定的认识，如何才能产生让目标人群接受的沟通策略呢？我们需要一句便于传播的广告语，也就是核心策略点。核心策略点的推导过程要符合逻辑，思路清晰，设计师往往会采用可视化的方法帮助他们清晰地表达推导过程。图 6-10 是两组学生的作业，其清晰地展示了学生的思维推导过程。

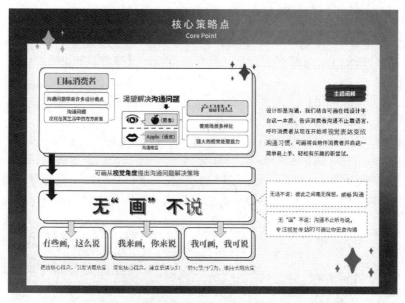

（a）某设计软件核心策略点"无画不说"的推导过程图

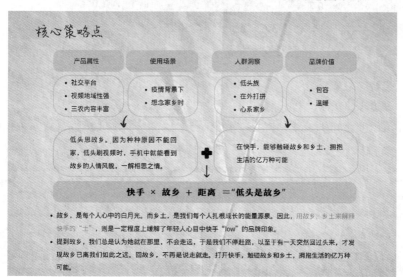

（b）某社交软件核心策略点"低头是故乡"的推导过程图

图 6-10　学生推导过程图实例

3. 会议可视化

小组讨论或头脑风暴时，如果没有及时记录会议过程，会让会议效果大打折扣。为了让创意在生成的过程中更加可视化，我们需要应用视觉思维的方法将会议可视化。

在白板或白纸上用文字和图形描述讨论内容的方法，叫可视化工作法。

会议可视化的优点：会议的过程共享，向大家提示讨论的全貌和重点，留下共同的会议记录。促进平等参与，巩固发言，让发言者感到安心，拓展思路，让会议变得有趣。

会议可视化的结构图主要有树状图、集团图、流程图、矩阵图四种。我们主要介绍树状图和流程图。

树状图表达一个概念由原点向外发散的过程。两种我们常用的思维导图也是树状图的一种。例如不同小组选择成都非遗中感兴趣的项目展开研究，经过一个星期的调研和讨论后，形成了各组的会议记录。图 6-11 是两组学生的会议记录的思维导图，其清晰地将会议信息的结构关系用思维导图展示了出来。

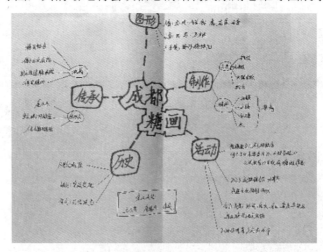

（a）第 5 组的会议记录

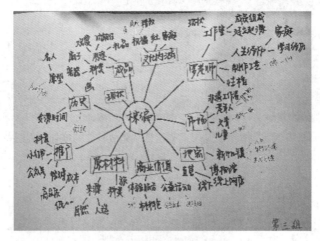

（b）第 3 组的会议记录

图 6-11　学生会议记录实例

流程图需要用指示方向的箭头标明会议的过程，并在过程中圈画出重点内容。图 6-12 为小组学生在执行广播创作的过程中用流程图记录的工作过程。

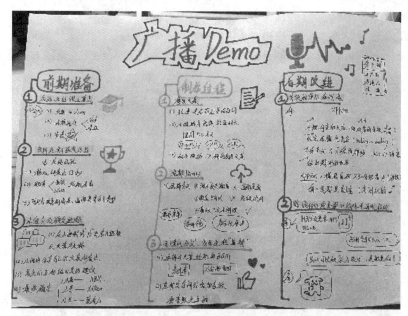

（a）小组 A 的流程图

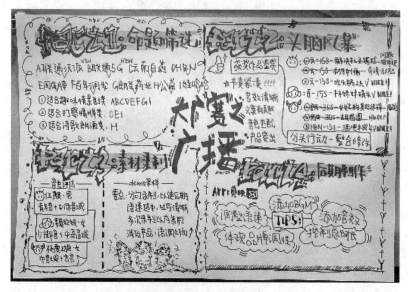

（b）小组 B 的流程图

图 6-12　学生流程图实例

在设计思维的初级阶段，我们需要通过发现问题、创新检索、提出解决方案三个步骤初步完成一次设计体验。团队通过2~3次讨论和约一周的协同作业基本可以完成本阶段任务。最后，团队需要将发现的问题、创新检索的结果和提出的解决方案绘制在一张海报上，进行展示、提案和交流。

在进行设计迭代时，也需要配合进行海报制作。内容和第一个阶段一样，通过海报我们能明显看到创新思维的更新和作品的迭代升级（见图6-13）。

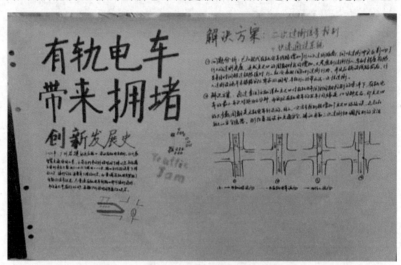

（a）第一阶段的思维导图

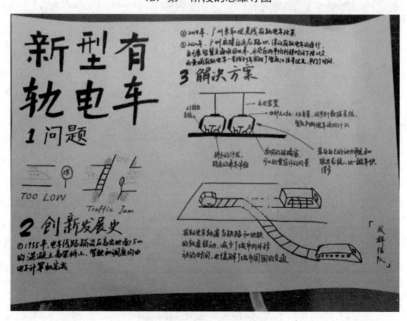

（b）第二阶段的思维导图

图6-13　学生有轨电车项目组前后两次海报展示

6.2　方　案　草　图

6.2.1　方法概述

　　方案草图是指将创意灵感及时用草图绘制出来。创意结晶后，可以用语言、文字、符号、线条、图片等元素，及时地将创意结晶画出来。方案草图可能是在餐巾纸上，可能是在书页边上，也可能是在沙滩上，总之是用设计师熟悉的方法，使灵感及时结晶，将创意可视化，使其从模糊不清的状态逐渐变得清晰明了。如果已经及时抓住了灵感的火花，可以对创意草图进行进一步的绘制，澄清一些模糊的部分。

6.2.2　使用说明

　　方案草图也可以是一些流程图、框架图。方案草图能够快速、易于更改、投入很少、门槛很低地完成创意方案的可视化，同时，也能初步验证产品的框架、主要流程、基本信息和功能等是否合理。在绘制方案草图时，不必纠结图纸的细节，重要的是将创意结晶有效地表达出来。方案草图可以是二维的，也可以是三维的，视绘制者的实际情况而定。

6.2.3　应用步骤

　　方案草图是及时捕捉创意灵感的简单工具，在感知到创意涌现时，在任何可能的材料上，如沙滩上、餐巾纸上、树叶上等，将抽象的创意表达出来就好。简单来说就是，感知到、画出来。

6.2.4　应用实例

　　图 6-14 是在沙滩上和餐巾纸上绘制的方案草图。

（a）绘制在沙滩上的草图

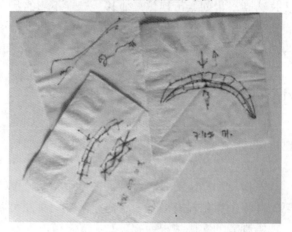

（b）绘制在餐巾纸上的草图

图 6-14　草图形式示例

6.3　创意视频

6.3.1　方法概述

创意视频就是利用动画、视频等形式将一些连续的虚拟动作或过程表达出来。对于一些难以呈现的场景或难以展示实体的内容，如过程性、流程性的创意方案，可以借用电影蒙太奇的手法，将不同元素进行创造性的结合，表达创意原型。

6.3.2　使用说明

　　创意视频的目的是有效地表达创意，不应过分追求画面的精致、拍摄手法的使用等。可以利用手绘的卡通图、示意图，或用图片编辑软件将需要表达的元素创造性地组合，形成类似电影胶片的动画效果。一连串的图片有序组合，就变成了一个创意故事，其可展示创意方案，进而发现创意方案中可能存在的问题（见图 6-15）。绘制者通过和用户的交流反馈可以对创意方案进行修改和完善。

（a）视频

（b）漫画

图 6-15　创意视频的形式

6.3.3　使用步骤

1. 故事

　　用一个简短、连贯、有主题的故事表达设计概念。单个视频过长会降低观众的专注度，所以要确保一个视频只讲一个故事，如果重点很多，可以制作成系列视频。

概念视频要表达的重点信息一定要放在观众的核心需求上。弄清楚你的观众是谁，视频的观众与设计的目标用户并不直接画等号。因为视频除了要传达设计理念之外，也负责在更大范围内产生具体的影响。那么，哪些人可能在社交媒体上帮你转发？要了解他们可能转发的原因，并安排合适的展示信息。我们既要表现设计要点，也要切中观众痛点，在表达创造性想法的同时，让观众产生共鸣。

2. 分镜

配合要呈现的内容进行初步构想，使用分镜的方法，对视频每个画面要表现的内容进行切割。在制作分镜头时，要提前设想视频要营造的氛围是有趣的、感人的、哲学思辨的还是有强烈科技感的，围绕产品核心概念、价值、故事内容和制作手段，选择合适的风格倾向，并尽可能调动声音语言，制造出强烈的冲击力。分镜是实际拍摄的指引手册，因此要尽可能详尽地计划具体内容，包括运镜方式、时间长度、对白、特效以及拍摄地点、演员、所需的器材、道具等。

3. 制作

在制作时，不断重复提醒自己所要展示的核心内容是什么，运用各种可能性服务于该核心，如添加特效、动画等。

在制作时，注重视频的质量是值得鼓励的，但应避免耗费大量时间在追求细节的完美性上，概念视频最重要的目的是展现产品在特定环境中的价值，并引起反馈。因此，影片也可以是循序渐进完成的，粗剪版本可以用于内部沟通、确定方向。其后逐步迭代，以减少不必要的人力投入和时间成本。

4. 传播

概念视频的一个重要价值就是传播产品和服务及其品牌的价值理念，展示未来的可能性。因此在制作的同时，也应制订具体的传播计划，选择合适的发布平台，邀请相关领域话题引领者制造舆论环境，等等。

5. 使用提示

概念视频不但是一种对利益相关者和观众的展示，也是一种承诺。因此在制作视频时，不仅要考虑宣传性，也要与自身相契合，否则观众会有被愚弄的感觉。

6.3.4 应用实例

如各种电影胶片、短视频等。

6.4　纸　板　原　型

6.4.1　方法概述

　　纸板原型法是一种常见的低保真原型方法，用于表现和测试服务体验中起到重要作用的物理对象，例如便利店的内部环境，扭蛋机、鸭子等，这种原型方式制造速度很快，主要使用廉价的纸张、纸板，还有其他易于获得的材料，如泡沫、塑料、橡皮泥、管道，胶带等，根据用途的不同，原型可以是小规模的，也可以是实际大小的。小规模模型适合用于多次迭代，全尺寸模型有助于提供沉浸式体验。

6.4.2　使用说明

　　纸板原型制作的过程有助于具体化设计概念，探索其展示细节、优势和劣势。原型完成后，可以用于用户测试，速一步探索和验证这些道具在未来服务环境中的核心功能和角色，并找到需要迭代的地方。

　　纸板模型的优势是制作时间短，上手速度快，消耗成本低。纸板制型不需要高级的工具和复杂的技巧，而且具有极强的可塑性，可以快速修改和重建，帮助设计师探索尽可能多的想法并否定那些不靠谱的想法。这种原型方式适用于模拟造型结构简单、对精度要求低、需要获得快速反馈和反复修改的产品。

6.4.3　应用步骤

1．构建必要部分

　　在实际制作前，在反思设计中，哪些是必须由真实的实体交互原型表现和测试的部分？想测试对象或环境的整体还是部分？整体和部分哪个最关键，最能够体现核心功能？希望用户体验什么？列出想要测试的任务清单。其后，使用简单的材料构建这些任务清单中所包含的部分。如果要测试交互体验，还需要构建一些用来表演的活动部件。

2．扮演测试

邀请用户使用原型进行测试。此时将团队人员分为辅助操作人员和观察人员两类。辅助操作人员发布任务，并根据用户的具体使用情况给出反应，例如更换部件、挪动部件等，配合用户完成具有交互感的体验。

观察人员需确保在整个测试过程中记录用户的行为，并创建发现问题的列表。在测试后，设计团队需要花时间反思自己的设计哪些部分是有效的，哪些部分是无效的，以及接下来亟待更改或尝试的内容。

3．使用提示

在用户提出建议后，我们可以立即对原型做出更改，并根据反馈，实时给出最新迭代版本。纸板原型是用来扔掉的，不要吝惜修改或重做。也正是基于这种特性，设计人员更容易放手制作并接受必要的更改，参与测试的用户也更容易没有负担地提出修改建议。

6.4.3　应用实例

如学生用纸板制作的房屋模型。

6.5　实　体　模　型

6.5.1　方法概述

如果时间和条件允许，还可以用木板、有机玻璃、水泥、钢材等材料，借助创客或实验室提供的加工工具，制作创意结晶的实体模型。

实体模型对制造者操作工具的水平、安全操作等有较高的要求，必要时，可以请熟悉这些工具的技术人员提供帮助，使创意结晶更真实。同时也可以避免使用不熟悉的工具带来的困扰而使最初的创意中断。

6.5.2　使用说明

实体模型需要耗费具体的实物材料和加工工具，而其根本目的是表达创意。因此，应结合实际条件，选择对实体模型的加工制作。我们希望用户在多大程度上相信这个概念设计已经真实存在？如果程度很低，我们想得到的只是用户对设计价值、理念，框架、核心功能上的反馈，那么选择低保真原型即可。如果要获得对于介质、提供的信息、交互可行性等方面的反馈，就要使用中等保真原型。高保真原型用来展示设计的具体细节，一般来说其完整性接近真实产品。

1. 低保真模型

当我们不知道一个想法是否有效时，不要专注于细节设计，也要避免用户在测试时关注细节。在此时，更适合使用古老的方法表达设计，用笔、纸、纸板、画报和任何日常随手可用的工具，快速搭建粗糙的模型。保证它能够表达你的核心内容即可，然后，立即测试，反复迭代。制作低保真模型的核心是让人不要去"珍惜"它，它的存在就是为了被修改的。

2. 中等保真模型

在验证了设计核心的有效性之后，我们要开始揭开设计的面纱，展示它的全部面貌。中等保真模型用来完善表达设计的所有功能和影响体验感的主要因素。常用的原型方式有桌面原型、3D 打印等。

3. 高保真模型

当你的原型不断发展，越来越接近产品时，我们将用真实的制造工艺制造原型。此时，我们需要全面检查一些零碎的组件。可以通过设想极端情况和边缘事件排查设计缺陷。如果发生使用错误，用户怎样进行后续操作？我们如何在设计上预防这种小概率事件发生？一个原型越能兼容额外的使用情况，保真程度也就越高。这是一个精益求精的过程。

"快速"是原型阶段的核心信仰，但"快速"也是相对的。例如，在初期，可能讲一个故事就能够表达设计的使用情境和主要功能，那比起绘制纸面原型，它就是快速的。在表达一个未来设计时，制作视频片段展望其可能性，比起真正建立这些设计，它也是"快速"的。

原型塑造的目的是使创意快速流畅地可视化表达，不需要精确的专业技术。我们应尽量选择简单易行的工具和方法进行原型塑造，尽量避免选择专业工具，因为专业工具的使用需要专门的学习，需花费更多的时间，甚至偏离目标和方向，阻碍了快速塑造原型的目的，除非你非常熟悉这些专业工具。

6.5.3 应用步骤

实体模型的制作第一是已经有了一个可视化的创意图形或想法。第二是选择适合的材料，如有机玻璃、胶合板、角钢、水泥、电路板等。第三是相应加工工具的选择与学习。第四是使用加工工具对采购的物料进行加工，将其组装成创意原型，表达创意。

随着科技的发展，3D打印技术逐渐成为原型塑造的一种新方法。

3D打印机的工作步骤大致如下：

用计算机设计一个完整的三维立体模型，在3D打印机上打印输出。先通过计算机建模软件建模，如果你有现成的模型也可以，如动物模型、人物模型或微缩建筑等。然后通过SD卡或U盘把它复制粘贴到3D打印机中，进行打印设置后，打印机就可以把它们打印出来。

3D打印与激光成型技术一样，采用分层加工、叠加成型完成3D实体打印。每一层的打印过程分为两步，首先在需要成型的区域喷洒一层特殊胶水，胶水液滴很小，且不易扩散。然后喷洒一层均匀的粉末，粉末遇到胶水会迅速固化黏结，而没有胶水的区域仍保持松散状态。这样，在一层胶水一层粉末的交替下，实体模型就被"打印"成型，打印完成后只要扫除松散的粉末即可"刨"出模型，而剩余粉末还可循环利用。

6.5.4　应用实例

如用各种实物材料制作的模型。

6.6　小　　结

本章主要介绍了使创意具化的一些方法，这些方法有的比较简单，有的则需要借助专门的工具，在选择方法时，应注意，创意具化的核心目的是及时、有效地将抽象、模糊的创意具体化、具象化，不应为了强调原型加工技术的高端而偏离了最初的目标。也就是说，在创意具化阶段，即使借助复杂、高端的技术做出了实物模型，但如果创意平平，仍然不能解决最初的需求，那么这个创意方案也是不合适的，不能满足需求。

第7章 测试反馈与效益评估

本章是系统性创新设计思维的第五步（见图 7-1）——测试反馈与效应评估。测试是设计思维过程中必不可少的一个阶段。这一阶段可能会出现决定性的变更建议，也可能会大大提升最终结果的质量，但这并不常见。尤其是对于那些没有参与原型开发的人，他们在测试中也更加能畅所欲言，会提出全新的视角，他们能够透过顾客或用户的视角看待原型，这能给最终结果带来相当大的价值。

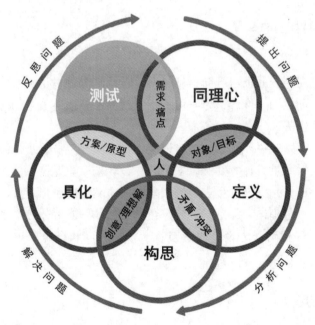

图 7-1　系统性创新设计思维第五步：测试反馈与效益评估

在进行测试时，为了了解用户的真正动机，问"为什么"很重要，即使我们觉得自己已经知道答案。测试访谈中的首要任务是学习，而非解释原因或推销原型。这也是为什么我们不解释原型是如何使用的，而是探问那些潜在客户可能需要的原型的故事和情形。只要有可能，就收集和分析定量数据，以验证定性结果。

本章将介绍概念评估、客户体验、客户 5E 评估、价值评估、理想度审核、进化趋势评估、创新等级评价等方法。

7.1 概念评估

7.1.1 方法概述

概念评估是通过向目标用户展示故事板、草图、模型等方式，请用户发表评论，来测试产品或服务的设计概念是否符合用户需求的评估方法（摘自付志勇《设计思维工具手册》）。

7.1.2 使用说明

设计团队在将设计项目推向市场之前，运用概念评估了解目标用户和其他利益相关者对创意的态度。该方法可用于发现产品或服务概念的潜力、发展前景以及投资价值等。

从评估的类型来说，概念评估可以用于概念筛选及概念优化两种场景。在设计初期，面对大量设计方案难以取舍时，设计团队可邀请领域专家和目标用户对方案进行选择，提升项目进展的效率。在方案产生雏形之后，邀请目标用户对设计概念进行确认，并提出建议，帮助设计团队对具体细节进行优化。多次反复的概念评估可以为设计团队节省大量的时间和资金，规避高失败率的方案。

7.1.3 主要流程

概念评估是一个使用流程相对自由的评估方法，我们可以直接拿着草图询问目标用户的建议，开展非结构化的评估。也可以结合其他评价工具，计划正式的、完整的结构化评估会议。

1．确定评估方式

在开展评估前，研究团队需要根据设计目标和设计内容总体规划评估方法，明确将要向用户展示的内容和期望获得的反馈。

概念评估的类型可以分为单一概念评估、多重概念评估、概念比较以及概念选择和评估。根据评估目的选择合适的评估类型。

2．制作评估清单

根据评估方式，详细讨论、制订具体的评估计划，列出评估清单，确保系统地组织评估过程。

评估对象：邀请设计的目标用户作为受访者，人数为6～10人比较适宜。

评估环境：创建评估环境，因为概念评估依靠大量的用户语言表达进行反馈，因此要营造相对轻松的对话氛围。

评估方法：常用的评估方法是向受访者展示设计概念的描述、图像或事物模型等，观察受访者的反应，如果是相对完整的原型，那么可以请受访者使用，并邀请他们表达感想。在此过程中，也可以用一些工具或模型辅助评估，例如价值机会分析、语义差异量表等。

3．开展评估

使用访谈法的技术开展概念评估，启发目标用户对设计尽可能地发表更多见解，最大可能地发现设计的问题。在评估过程中注意进行音频或视频记录。

4．分析并呈现评估结果

提取评估过程中获得的重要内容，包括正面和负面反馈、用户提出的疑问、用户给予的建议等，可以结合反馈捕捉网格整理评价结果，优化和改进设计。

5．使用提示

概念评估是一个规则相对开放的方法，只要是围绕设计的概念、价值等方面开展的评估，都可以归纳进来。一般来说，该方法以访谈为基底，可以穿插一些小的主题环节获得更丰富的数据。

7.1.4 应用实例

例如，手机厂商发布概念模型后，通过发布会、问卷调查、人物访谈等形式了解利益相关方对手机的评价反馈。再如，餐馆推出新菜品后，邀请顾客试吃，并给出反馈，等等。

7.2　客　户　体　验

7.2.1　方法概述

可用性测试通过邀请目标用户执行产品测试任务，验证设计的可用性，帮助设计团队评估项目在真实场景中的使用状况（摘自付志勇《设计思维工具手册》）。

7.2.2　使用场景

在可用性测试中，研究团队指引目标用户完成一系列预定任务，通过对受测者任务完成情况的评判检查产品或服务的可用性。可用性测试是最接近真实使用情景的测试方法，受测者就是产品的目标用户，测试内容围绕产品的核心功能，测试方法是请项目的目标用户模拟真实使用情境"使用"产品，达成"需求"。因此，该方法能够挖掘出最真实的用户反馈数据。

7.2.3　主要流程

1. 设计实验

首先根据设计的核心功能撰写实验计划，明确实验目的、环境、要测试的内容、任务清单、测试方法以及对应的成功标准。然后，准备实验材料，模拟使用环境，调试测试设备和记录设备，安排实验主持人和记录人员。

2. 邀请受测者

从目标用户群体里选择4～10名有代表性的测试者，一般来说他们都是新手用户。对本设计项目一无所知，也没有过度接触过相关竞品。这样，可以保证试验结果的真实性。

3. 测试

单独邀请每位测试者逐一到试验环境进行测试。在测试开始前，由主持人介绍本次测试的基本信息和规则，并提出需要测试者执行的任务。这个任务应该与产品的核心功能紧密相关，如果任务相对复杂，可以将其分为多个小任务逐步递进。例如，在测试一个音乐平台时，可以让测试者执行"搜索音乐""收听音乐""收藏音乐"的连续性任务。

4. 观察与判定

在用户执行任务时，主持人要保持中立并遵循脚本引导。当测试者第一次求助时，应示意其"再试试"，第二次则给予适当指引性提示。

在测试者完成测试后，可以用问卷或访谈的形式了解其对测试产品的满意程度，探讨任务执行过程中的想法、困境等，并让其给出建议。

记录人员需要着重记录的内容包括：用户是否达到任务指标标准需要完成的任务以及所使用的时间；用户产生了哪些特定的使用行为和方法；用户操作中出现的反复、错误、失败等执行动作，用户提问、求助等特殊行为。

在完成可用性测试后，对比测试结果和预期目标，着重对用户失误多或产生误解的地方进行改善。

5. 使用提示

可用性测试概念的提出是建立在互联网背景下的，但它的适用性很广，在一些功能复杂的实体设计产品中，也可以尝试通过"目标用户执行任务"的方式测试产品是否可用、易用。

7.2.4 应用实例

如酒店的试睡员、各种新型活动的体验员、商场的试营业等。

7.3 客户 5E 评估

7.3.1 方法概述

5E 模型由惠特尼·奎瑟贝利（Whitney Quesenbery）提出，她认为用户体验包含 5 个方面：有效性（effective）、效率（efficient）、吸引力（engaging）、容错性（error tolerance）和易学性（easy to learn）（摘自付志勇《设计思维工具手册》）。

7.3.2　使用场景

5E 模型主要用于对用户体验的不同层面展开具体化分析。该模型提出了 5 个重要视角，用来具体化用户体验的内在构成，帮助研究者有针对性地对用户体验这个抽象指标进行测量。

7.3.3　主要内容

1．有效性

用于判断设计是否可用，是否能够帮助用户准确地实现目标。这是 5E 模型中最基础的一项要素，对其他要素具有一票否决的权力。

在测试中，我们会请测试者试着完成一些任务，如果他们达到了使用预期或完成了既定目标，则认为该设计是有效的。

2．效率

效率是指通过设计产品完成任务的速度。根据具体的项目内容，效率的衡量指标也有所不同。

如一个客户服务系统，衡量智能客服效率的指标可以是每天解决问题的数量。同时，也可以由使用者进行主观判断，例如当一个测试者表示任务 "太复杂" "太多点击" "不停跳转" 时，则意味着产品效率较低。

3．吸引力

吸引力指设计能带来的积极影响，例如引起使用者关注或带给使用者良好情绪，等等，这是一个相对复杂的指标，设计风格、造型质感、交互流畅度、信息易读性等因素都会影响设计项目的吸引力大小，评判方式也因设计内容的不同而差异巨大。例如对办公软件的吸引力测试，主要评判标准可能是它是否有助于集中注意力，帮助用户持续工作，而对游戏的评价标准可能是画面是否精致、操作是否舒适等。

4．容错性

所有人在使用设计产品时都可能会发生错误，该产品是否能包容用户的错误，让他们可以轻松地纠正错误并返回任务流程中，这就是设计的容错性。

5．易学性

易学性分析的对象可分为新手用户与专家用户。对于新手用户来说，易学性判断的依据是其初次使用的难易程度；对专家用户来说，是更深度使用的难易程度。

易学性测试的内容可以包括：初次使用的难易程度；使用一段时间后是否容易发掘更多的功能；设计是否对用户进行了有效的引导；等等。

6. 使用提示

可以帮助研究团队开展分析，如情感化交互设计的用户体验，心灵笔记行为矩形模型，用户体验之环，等等，可根据实际情况结合使用。

7.3.4 应用实例

这是对概念产品的深度评估。通过对产品的深入了解，对这 5 个方面的特性进行相对深入和专业的评价。

7.4 价 值 评 估

7.4.1 方法概述

价值评估通过提供一系列价值标准帮助设计者确定产品的理想品质，或测试用户所感知的价值倾向（摘自付志勇《设计思维工具手册》）。

7.4.2 使用场景

如果用"最_____"句式描述你的设计，那么你会在空格内填入什么词？这些词就是最适合描述你的设计的独特价值的关键词。该工具能帮助设计团队从多角度对设计价值展开分析，为设计建立与众不同的价值机会。

7.4.3 主要内容

设计者可通过以下几种价值评估思考角度，针对设计进行逐一评价。在每种角度中，又可以设定多个属性，来帮助设计团队细致拆解，分析设计价值定位。

情感方面：设计具有哪些重要的情感化属性？在思考时，我们可以将设计对象拟人化运用，以更好地描绘物品。

感官方面：设计注重给人的哪些感官带来强烈的体验。美学角度的细分属性相对固定，一般来说包括视觉、听觉、触觉、味觉、嗅觉。

环境特征方面：指一个产品脱颖而出的能力，一般包括时间点、空间感和个性。

人机工程方面：人在使用该产品时，是否是自然操作？一般包括可用度、易用度、安全性、舒适度等。

质量方面：团队对产品本身的质量是如何考虑的？例如使用怎样的工艺水平，在耐用性、防水性、防腐性、环保性等属性方面表现如何。

核心技术方面：设计是否具有独特的核心技术支持设计的功能？一般可以用技术可用性、技术可掌握性、技术可信度等描述。

影响方面：设计在哪些更广泛的维度对外界产生影响？是社会、环境、文化、科技、商业还是法律、政治等。

最后，可以根据上述内容对设计的宏观层面展开评估。

7.4.4　使用实例

在具体的使用中，我们根据设计项目的特点，确定每个角度所包含的细分属性。打印空白表格，由设计团队或利益相关者进行评级，通过低、中、高三档为设计打分。

价值分析的表格虽然简单，但使用方法非常多。一是当项目的概念阶段进入尾声时，设计团队可以利用该工具设定产品价值取向，为后续设计的深入表达指明方向；二是在竞品分析中，使用该工具对设计的多个竞品进行勾勒，对比分析本设计可以从哪些角度做差异化发展；三是在产品评估阶段，请目标用户根据价值机会图表的条目对设计进行评价，对设计的价值倾向进行多角度评估。

7.5　理想度审核

7.5.1　方法概述

理想度审核方法摘自卡伦·加德《TRIZ——众创思维与技法》。

7.5.2　应用场景

理想度是 TRIZ 理论中的概念，用于指导我们进行发明创造活动。理想度审核可以帮助我们澄清需求的缺口，并想办法缩小它，实现从现有系统到我们所期望的系统的转化。理想度可以帮助我们确定解决问题的方向，界定最终需要达成的效益，即理想度公式中最主要的结果。

理想度的基本定义：理想度=收益/(成本+危害)。在理想度公式中，收益包括主要收益和次要收益，是一切需要的结果。成本是指所有的投入。危害是指不需要的结果。在提高理想度是系统进化最重要的趋势的前提下，当系统进化时，系统有效作用（收益、有用功能）日益增加，有害作用（成本和损害）日益减少。如果系统进化到极致，那么系统就只会提供给我们要求的有用作用，而且，就字面上来说，不会产生任何有害的事物。这样的进化状态就是最终理想解。

7.5.3　理想度审核表

理想度审核同样也可以用来评估创意解决方案的理想化水平，帮助我们判断创新方案和我们期望的理想方案的距离，也就是在现实条件约束下，我们做到了什么程度。理想度审核表如表 7-1 所示，根据表格提示，填写相关信息即可。

表 7-1　理想度审核表

序号	理想度	现有系统	期望系统	理想结果	创意方案	理想度差异
1	主要收益					
2	必须获得的收益					
3	最好能获得的收益					
4	其他收益					
5	主要结果/功能					
6	可接受的成本/投入					
7	不可接受的成本/投入					
8	可接受的问题/危害					
9	不可接受的问题/危害					

理想度审核分析表通过对比现有系统、期望系统、理想结果、创意方案之间的收益、成本、危害等因素的差异，分析并判断新生成的创意方案在多大程

度上解决了现有系统的问题，如缺失、过度、不足、不可接受成本、不可接受危害等，从而对创新方案进行定性的评估。

7.5.4 应用实例

例如，我们可以根据理想度审核表对一款新产品进行审核，评价其创新性。

7.6 进化趋势评估

7.6.1 方法概述

进化趋势是一种实证研究的结果，表明技术发展的潜在规律。它在以往的科技发展中反复出现，预示着在未来一定会发生。这可以成为我们预测未来的依据，至少可以告诉我们某个行业、技术系统或子系统未来的发展方向。

TRIZ 理论中的工程技术系统进化 8 种趋势可用来描述工程技术系统的进化规律。这些进化规律可以用来评估创意方案在进化趋势中的位置，从而评估创意方案的发展潜力。当然，这些趋势会不可避免地出现一些例外的情况，比如便携式收音机从小变大，就背离了 TRIZ 理论的一种技术发展趋势——系统趋于小型化。

7.6.2 系统 S 形进化趋势

阿奇舒勒及其弟子们认真研究了大量工程系统的进化过程后，归纳出了工程系统进化法则，包括 S 曲线进化法则和八大进化法则（摘自孙永伟《TRIZ：打开创新之门的金钥匙》）。

S 曲线进化法则是指任何工程系统的发展随着时间的推移都不是线性的，而是呈现"S"形。与人的成长类似，可以分为第一阶段——婴儿期，第二阶段——成长期，第三阶段——成熟期和第四阶段——衰退期，每一个阶段在工程系统的背后都有驱动力使其处于某个阶段，并且有相应的特点，如图 7-2 所示。

在经典 TRIZ 理论中，主要以性能参数、专利数量、发明级别以及经济效益判断一个产品或技术处于 S 曲线的哪个阶段，如图 7-3 所示。

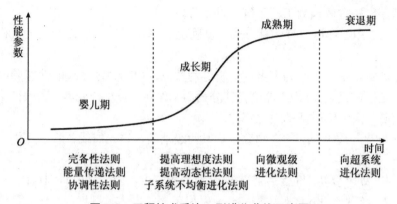

图 7-2　工程技术系统 S 形进化曲线示意图

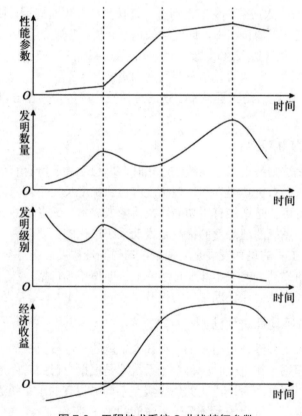

图 7-3　工程技术系统 S 曲线特征参数

图 7-3 从性能参数、专利数量、发明级别、经济收益 4 个方面展示了工程系统在各个阶段的特点。S 曲线进化法则是一个重要的技术进化法则。它描述了一个工程系统的主要性能参数随时间的延续呈 S 形曲线变化。应用 S 曲线进

化法则，能够有效预测工程系统的进化阶段。

经典 TRIZ 理论中有两种方式可以确定 S 形曲线的阶段：专利数量和发明级别。

专利数量是以时间为变量，分析专利数量，提高技术系统的性能参数。发明级别是发明级别（TRIZ 理论将其分为简单发明、较小改变、较大改变、新应用和突破 5 级）随时间的变化规律。

一个特定系统产生的专利数量和发明级别随 S 进化曲线各阶段变化的情况如下。

（1）处于婴儿期的系统产生的专利数量较少，但专利的级别很高。

（2）当系统进入成长阶段，产业发展带来技术需求剧增，产生大量的授权专利，促进技术系统完善。

（3）当系统进入成熟期，工程师努力延长系统的生命周期，使得这个阶段的专利数量一直处于增长状态，即便增长速率较慢，发明的级别较低。

（4）当工程系统进入衰退期，市场份额急剧减少。人们已经没有兴趣对其进行新的开发，因此专利数量和发明级别都降低。

S 形曲线进化趋势是工程技术系统的总体进化趋势，其包含以下 8 种具体的进化趋势。

1. 提高理想度法则

提高理想度法则是指工程系统在进化时，理想度等于所有有用功能之和除以所有成本和所有有害功能之和，理想度应该保持增长，不可能降低，无论通过何种方法，有可能是增加有用功能，或是降低成本，或者增加成本，但功能显著增加。工程系统的理想度的提高是推动系统进化的主要动力。

例如，通信工具的迅猛发展是工程系统向提高理想度法则进化的典型实例。它的性能在不断提高，但成本却在持续降低，即使偶尔价格上涨，也以大幅度提高性能为前提，从而保证理想度的提升。

2. 子系统不均衡进化法则

一般来说，工程系统是由多个实现各自功能的子系统组成的，子系统不均衡法则是指工程系统在进化时，每个子系统都是根据自己的时间进度按照自身的 S 曲线进化，不同子系统进化的优先级是不同的，有的子系统进化得快，有的子系统进化得慢。每个子系统及子系统间的进化都存在着不均衡性。系统中最先到达其极限的子系统将抑制整个系统的进化，系统的进化水平取决于该系统。系统越复杂，其各部分的发展就越不均衡。

利用子系统不均衡进化法则可以发现工程系统中低理想度的子系统。改进那些不理想的子系统，或者使用较先进的子系统替代它们，可以以最小的成本改进系统的性能参数。

3. 动态性和可控性进化法则

动态性和可控性进化法则指的是工程系统在进化时，获得的自由度越来越多，越来越呈现出动态化的趋势，这一部分内容在后面将做详细描述。

4. 子系统协调性进化法则

子系统协调性进化法则是指工程系统沿着各子系统之间，以及工程系统和超系统之间更协调的方向进化，会逐步与超系统、主要功能的对象，以及子系统相协调，以提高其性能。

5. 向微观级和场的应用进化法则

向微观级和场的应用进化法则是指工程系统在进化过程中，系统开始转向利用越来越高级别的物质和场，以获得更高的性能或控制性。一般主要通过系统微观化、增加离散度、转化到高效的场、增加场效率等路径实现。

6. 增加集成度再进行简化的进化法则

增加集成度再进行简化的进化法则是指技术系统趋向于首先向集成度增加的方向进化，紧接着再进行简化。如先增加集成系统功能的数量和质量，然后用更简单的系统提供相同或更好的性能。一般通过四条路径实现，即增加集成度路径、简化路径、单-双-多路径、子系统分离路径。

7. 能量传递法则

每个技术系统都有一个能量传递系统，将能量从动力装置经传动装置传递到执行装置。能量传递法则是指能量在从能量源传递到执行装置时，能量损失最小，途经路径较短，能量转化的形式尽可能少。

8. 完备性进化法则

完备性进化法则是指一个工程系统要能够正常工作，必须具备 4 个功能模块，即执行机构、传动机构、能量源机构和控制机构。有些工程系统在进化时会逐步获得这些机构，使它们成为其工程系统的一部分。

7.6.3 创意方案的进化趋势评估表

根据上述 9 种进化趋势的变化规律可以建立进化趋势，用于评估创意方案的创新水平。首先建立 9 种进化趋势评估表（见表 7-2），然后对用创意方案建立的工程系统或社会系统进行逐项分析判断，从而在整体上对创意方案的进化趋势做出定性评价。

表 7-2 创意方案的进化趋势评估表

序　号	9种进化趋势	应 用 释 义	创意方案创新水平评估
1	S 形曲线进化趋势	判断创意方案在 S 曲线的哪个位置，总体上判断创意方案的创新水平或价值	
2	提高理想度法则	应用理想度审核评估创意方案的理想度水平	
3	子系统不均衡进化法则	创意方案的子系统之间的均衡性评价	
4	动态性和可控性进化法则	创意方案的动态性、可控性评价	
5	子系统协调性进化法则	创意方案子系统之间的协调性评价	
6	向微观级和场的应用进化法则	创意方案的尺度效应评价	
7	增加集成度再进行简化的进化法则	创意方案的集成度、复杂性和简化性评价	
8	能量传递法则	创意方案中的物质、能量、信息的流动性是否符合科学原理	
9	完备性进化法则	创意方案的完备性评价	

7.6.4　应用实例

例如，我们可以根据进化趋势评估表评价概念产品（如电动汽车）在进化趋势上处于哪个阶段，是婴儿期、成长期、成熟期，还是衰退期。

7.7　创新等级评价

7.7.1　方法概述

TRIZ 理论发明者阿齐舒勒通过分析大量的专利，将创新按照难易程度、普通工程师在搜索解决方案过程中采用试错法的次数、所涉及的知识范围区分为 5 个等级（摘自阿奇舒勒《创新算法》）。

阿齐舒勒在 1965—1969 年研究了 14 类发明，从专利比例来看，一级创新占 32%，二级创新占 45%，三级创新占 18%，四级创新占 4%，五级创新不足 1%。除五级创新外，其余 99%的问题都可以使用 TRIZ 方法解决（见图 7-4）。

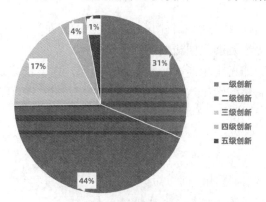

（a）发明创造等级的专利百分比

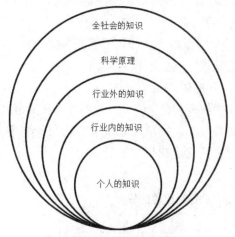

（b）发明创造等级中知识范围的变化

图 7-4 发明创造等级示意图

每一级创新尝试的次数用试错法来描述，大致呈指数级增长，从 10 次逐渐变化到 10 000 000 次，甚至更多。

从知识范围角度来说，不同创新等级之间的质的区别在于知识范围的不同，从个人的知识到全社会的知识。其中 77%的专利属于一级和二级创新，所涉及的问题比较简单，所需要的方案平平无奇，有一定的可预见性，所需要的知识不超出公司或行业的界限。一般来说，这类创新发明比较小，一个工程师利用自己的专业知识就能完成。三级及其以上的创新就没那么容易获得，需要具备一定的创造能力和更为宽泛的知识。

7.7.2　发明等级对比分析示例

TRIZ 发明创新等级标准为我们深刻理解问题的难度提供了参考标准。

举例来说，一级发明和四级发明的区别如下。

一级发明问题即日常生活和实验心理学问题，主要特征是：

（1）问题的元素数量少。

（2）没有未知元素（少数问题有一两个未知元素）。

（3）分析简单，在问题的条件下，需要修改的元素很容易与需要保留不变的元素分开，很容易跟踪元素之间的关系。

（4）给定解决问题的时间很短。

四级发明的问题难度增加，其主要特征是：

（1）有大量的元素。

（2）有大量未知的元素。

（3）很难进行分析（很难分离已知元素和未知元素），几乎不可能建立一个完整的模型来考虑元素之间的所有关系。

（4）给定解决问题的时间很长。

对比一级发明和四级发明，我们可以看到二者在元素数量、未知元素数量、分析难度、求解时间等方面差别巨大。简单来说，一级发明对应的问题就是简单问题，四级发明对应的问题就是复杂问题。

7.7.3　发明创新等级评价表

根据 TRIZ 理论中建立的发明创新五级标准，可以建立发明创新等级评价表（见表 7-3），用于定性评价创意方案的创新水平。将创意方案与发明创新等级评价表进行对比，评估创意方案的创新水平。

表 7-3　发明创新等级评价表

创新等级	创新程度	专利百分比	试错次数	知识范围	典型案例
一级	显然的解	32%	小于 10	个人的知识：问题及答案存在于某个专业领域里（行业的一个具体分支）	用厚隔热层减少热量损失

创新等级	创新程度	专利百分比	试错次数	知识范围	典型案例
二级	少量的改进	45%	$10^1 \sim 10^2$	行业内的知识：问题及答案存在于某个行业领域里（如机械制造的问题由同一行业、不同专业领域的现有方法解决）	在焊接装置上增加一个灭火器、折叠自行车
三级	根本性的改进	18%	$10^2 \sim 10^3$	行业外的知识：问题及答案存在于某个学科里（如机械问题用电学方法解决）	计算机鼠标、山地自行车、圆珠笔、自动档汽车
四级	全新的概念	4%	$10^3 \sim 10^5$	科学原理：问题及答案存在于问题起源的学科边界之外（如机械问题用化学方法解决）	内燃机、集成电路、个人计算机、充气轮胎
五级	新发现	1%	$10^5 \sim 10^7$ 或更多	全社会的知识：问题及其答案超出了现代科学的边界（现在首先需要一项新发现，然后根据新的科学数据解决问题）	飞机、计算机、蒸汽机、晶体管、激光

7.7.4 应用实例

在应用时，可以根据创新等级评价表评估概念产品的创新等级，进而对其发展潜力有一个大致的认识。

7.8 小　　结

创意方案的评价的目的是帮助设计师找到创意方案中存在的问题和需要改进的地方。评价本身不是目的。通过创造—评价—反馈—改进的反复迭代，形成具有可行性、合理性的创意方案，为进入产品设计阶段奠定基础。

第 8 章 系统性创新的原则与实践

本章是对全书内容的总结，同时也对系统性创新方法的应用提出了一些原则性的建议。在系统性创新方法与实践中，对问题、需求和痛点的系统性思考，即设计思维，是非常重要的。蒂姆·布朗在《设计改变一切》一书中，对设计思维在组织、社会中的应用做了很好的阐释。本章第一部分是对其内容的简要摘录。了解和学会系统性创新方法，更重要的是将其应用到社会现实之中。本章第二部分是将联合国 17 项可持续发展目标作为系统性创新方法应用的对象，引导读者思考如何创造性地解决全球性难题。

8.1 创新从设计开始

8.1.1 把设计运用到组织中

设计思维是一种系统化的创新方法，对组织的发展至关重要。随着时代的发展，以技术为中心的企业研发已经不能满足企业竞争的需要。公司要从技术可行性角度进行创新，就必须调整其他因素以应对任何新的发现。研究表明，新公司在初创阶段，可能无法确定自己的最终的商业模式，在这种情况下，灵活性和可适应性才是核心竞争优势所在。谷歌公司在经营一段时间后，才发现将搜索与广告联系起来所具有的威力。恰如苹果电脑公司成功地将施乐公司在计算机方面的研究成果以 Mac 桌面图标和鼠标的形式推向了市场。

大公司更适合在站稳脚跟的市场内寻找突破点，在这些领域内，技术优势并非成功的保障。对这些公司而言，从以客户为中心的角度出发推进创新，使公司得以利用已有资源：庞大的顾客群体、被认可的知名品牌、经验丰富的客服和支持体系、广阔的分销和供应链等。这种以人为本、基于客户需求的方式，正是适合设计思维生长的土壤。这种方式曾经使保捷、耐克、诺基亚等各领域的公司避免过分依赖技术或在重大项目上冒险。

索尼公司的随身听和苹果公司的 iPod 就是运用设计思维为客户提供的全新产品，它们取得了成功。在这两个案例中，核心技术都不是新的，但在商业上却都取得了成功。

赛格威个人代步车就是一个缺少设计思维的典型案例。迪恩·卡门发现在走路太远，而路途又没有远到需要开车的情况下，人们对城市交通方式有了新的需求。卡门采用复杂的回转仪技术，发明了一种智能双轮车。这种车搭载行人在市内或社区的人行道上行进时可以自动保持平衡。这是一个很成功的发明，但却不是成功的创新。因为最初赛格威个人代步车发明者不了解人们如果将代步车引入自己的生活会发生什么，他们对此缺乏以人为本的深层分析。如一位早期的使用者费力地拖着代步车走上他所住公寓大楼的台阶；一位邮差因为代步车锂电池没电而无法完成邮件投递。发明并不等于创新。如果在推出赛格威个人代步车之前，迪恩·卡门能深入地了解城市生活的实际状况，进行对比观察，进行场景说明、故事板、头脑风暴，搭建简易的原型模型，并进行发散式思考，也许赛格威个人代步车会取得更好的发展。今天，共享单车、各种类型的代步车已经运用设计思维的方法克服了赛格威个人代步车最初的缺点，成为解决城市"最后一公里"的代步工具。

设计思维的实践表明，人人都是设计师，组建一个多元化的设计团队是可行的，这样就可以将设计思维的创造性技巧纳入更广阔领域的项目中去，让更多的员工运用设计思维解决问题。因此，要求同企业的低级销售员和资深科研人员合作，超越各自领域进行思考，是企业进行大胆创新的可能趋势。在如今的商业环境中，创新是企业竞争力的核心。让企业更有创新性的一个方法就是使设计思维成为企业的创新文化，把创新精神融入组织基因，从以个人知识型工作体系向以团队为基础的协作体系转变。

只有采取系统化的方式才能实现整个组织的转变。在设计思维的体系中，每个参与者都能释放他们的激情、能量和创造力。从注重日常运作的组织文化转变为专注创新、由设计驱动的组织文化，就要包括行动、决策和态度。只有这些因素都协同起作用，创新系统才能顺利运转。创新并不像水龙头那样可以随意开关。突破性想法的萌芽期几乎比最持久、最严重的经济衰退恢复所需要的时间还要长。在遭遇经济衰退时，那些中止创新、辞退员工、叫停项目的企业只会削弱自身的创新能力。当市场经济复苏时，这些企业就会措手不及。

设计思维不太可能成为一种精确的科学，但正如质量管理运动的演进一样，设计思维也有可能以一种魔法式的玄妙工具转变为可以系统运用的管理工具。这种成功转型的诀窍在于，在执行过程中不要让创造性过程失去活力，也就是要平衡好管理层对稳定性、效率和可预测性的合理要求，与设计思考者对自发性、偶然性和实验的需求之间的关系。设计思维要求我们将整合作为目标，在这两种相互冲突的力量中寻找一种平衡，从而创造出比其中任何一种力量都强大且有效的创新产品，尤其是要创造出全新的公司。

8.1.2　让设计服务于整个社会

一个组织如果全面采用了以人为本的设计思维原则，实际上就是以明智的方式为自身谋利。组织如果能更好地了解顾客，就能更好地满足顾客的要求。这其实是长期盈利和持续发展最可靠的来源。在商业世界里，每个想法，无论它有多高尚，都必须经受生存底线的考验。

但这并不是单方面的事。企业更注重以人为本的方式，因为人们的期望在不断地变化。无论身为顾客、患者还是乘客，我们都不再满足于在工业经济链条的末端作一个被动的消费者。对一些人来说，这就带来了比"购买和支付"更有意义的追求。对另外一些人来说，这就意味着，企业要为其产品对购买者的身体、文化和环境所产生的影响负责。然而，最终的结果则是在产品销售商、服务提供商和购买者之间产生意义深远的互动方式上的变化。

作为消费者，我们在提出各种各样的新需求，我们与品牌有着不同形式的联系，我们期望能够参与决定提供给我们什么样的产品，而且我们期望在购买商品后，仍能与制造商和销售商有着某种联系。为了满足这些不断增加的期望，企业必须把某些主控权让给市场，并与顾客进行双向对话。这一转变发生在如下三个层面：

首先，因为消费者从对产品功能的期望转变为对更宽泛的令人满意的体验的期望，所以，对产品和服务之间的界限似乎不可避免地模糊了。

其次，在从提供分离的产品和服务转向复杂体系的过程中，设计思维正被应用于更大的范围。

最后，制造商、消费者以及二者之间所有的人首次认识到，我们进入了一个不能再随意挥霍的时代。作为工业时代特征的大规模生产与盲目消费的循环，已经不能再持续下去了。设计思维要求市场与利益相关者协同合作，同舟共济。

从某种意义上来说，每种产品都是一项服务。尽管产品给人的感觉只是一件物品，与服务无关，但实际顾客在购买产品前对品牌的了解，购买产品后对能够得到的维护、维修和升级等售后服务的期望，都是与产品相关的。产品与服务之间的界线已经模糊了。产品越来越像服务，服务越来越像体验。这个逐渐演变的过程的基础就在于理解对基于设计的系统性创新进行投资的必要性，这种创新将将员工和顾客紧密地联系在一起。在服务型企业中设立创新实验室，会像在制造型企业中设立研发机构一样顺理成章。就像蚂蚁洞穴和蜜蜂蜂巢一样，用系统管理的方式，创造出高度灵活而且不断演进的系统，赋予每个参与者适当的自由度和控制权。在这个系统中，参与者的每一次交流都为换位思考、洞察、创新和实施创造了机会。每一次互动都是一种小机会，使得交流对所有参与者来说，都更具有价值和意义。

维基百科创造的所有人都可以参与的共创式网站，就是设计思维最具活力的实践。设计是为了提供令人满意的体验。设计思维则要求创造出一种多极体验，让每个人都有机会参与。所有人的直接参与恰恰是开源、社交网络的核心。如果有一项任务总是需要将分析实践和整合实践、发散式思维和收敛式思维、设计师对技术的掌握和对人类的洞察结合起来，那么这项任务就是保护我们的地球。维持社会经济延续性和地球生物延续性之间的平衡，需要最具整合性的头脑。我们建造出更好的建筑物，可以让人们更好地生活和工作。我们开发出有创新性的媒体，能够为人们提供信息，供人们消遣，让人们以意想不到的方式进行交流。但科技是一把双刃剑，随着科技发展而来的是资源枯竭、能源浪费、荒漠化、全球变暖、垃圾处理、饥饿与贫困、战争等问题，我们创造的成果也对我们的文化、经济和环境造成了持续性的伤害。

设计师不能阻止人们按照自己的意愿处置买来的商品，但是，设计师不能以此为借口而忽视更大的生态系统。当我们满怀信心地解决所面临的问题时，通常会忽视由此产生的其他问题。设计师以及希望像设计师那样去思考的人有可能做出重要的决定，社会使用哪些资源，以及这些资源最终去向何处。设计师应面对时代和社会的现实去思考，人类的发展是让我们明白可能失去什么，以及看清我们所做选择的真正代价。设计实践让我们从根本上对用来创造新事物的系统和过程进行重新评估，让我们找到办法鼓励人们采取更有利于环境的延续性行为。

8.1.3　让设计带来新的变化

设计思维不仅适用于解决客户问题，还适用于解决组织问题、社会问题、全球问题。最出色的设计思考者总会被最艰巨的问题所吸引，不管这难题是为了一件玩具、一台电脑、一栋建筑物、一座桥梁，还是为了修建一条穿越山川河流的铁路。对设计师来说，走在最前沿处最可能取得没人取得的成就。

联合国17项可持续发展目标为：消除贫困；消除饥饿；良好健康与福祉；优质教育；性别平等；清洁饮水与卫生设施；廉价和清洁能源；体面工作和经济增长；工业、创新和基础设施；缩小差距；可持续城市和社区；负责任的消费和生产；气候行动；水下生物；陆地生物；和平、正义与强大机构；促进目标实现的伙伴关系。它们正在拓展设计思维的边界。"设计是为了人而不是为了盈利"应成为每一位设计师的共识。

设计思维在学校中的应用则需要创建一种教育体验，不是扼杀学生实验和创造的天性，而是鼓励和强化这种天性。对未来社会来说，创造能力取决于让更多的人掌握设计思维的整体原则，就像技术实力取决于高水平的数学和科学能力一样。学校恰恰是普及设计思维最好的场所。重新思考教育结构的机会存在于教育体系的各个层级之中。在传统艺术学校的框架内，位于旧金山的加州艺术学校已经运用设计思维的原理：以用户为中心的研究、头脑风暴、类比观察、模型制作，精心制定了学校未来艺术教育的战略规划。伦敦皇家艺术学院与帝国理工学院合作，合理利用艺术和工程领域得到的各不相同但又相互促进的各种创造性解决方案。位于多伦多的安大略艺术与设计学院的学生有机会与多伦多大学罗特曼管理学院的学生合作，共同寻求创造力与创新方法。斯坦福大学的哈索·普莱特纳设计学院（d.school 学院）实际上没有开设任何"设计"课程，它提供了一种独特的学习环境。在这个环境中，专业技能相差甚远的医药、商业、法律和工程等各个专业的学生都有机会聚集到一起，共同开展有关公众利益的设计项目。在每个学生项目中，d.school 学院都鼓励以人为本的研究、头脑风暴和模型制作，还将设计思维的核心原理应用于学校自身。校内空间是可以互换的，学术等级并不重要，课程设置永远在变动。简单来说，学校本身就是一个进行中的教育过程模型。

传统教学模式下的毕业生很难适应设计思维所要求的基于整合的发散式思维方式。教学理念以学生为中心，说明设计思维在大学中正逐渐发展。基于项目的学习、团队合作、系统思考、创客教育等新思想逐渐出现，引导学生从个人走向协作。

8.2 设计思维的行动原则

走进真实世界，从普通人那里获得灵感；采用模型制作有助于通过双手学习；创造故事可分享想法；与其他领域的人通力合作，以加深认知，扩大影响。这些缩小知行鸿沟的实践就是设计思维的精髓。

设计思维的实践表明，不但可以把设计技艺切实地应用于一系列广泛的问题中，而且这些技艺并不是与生俱来的，能够掌握设计技艺的人远比我们认为的多。当我们把设计技艺应用于解决最大的难题——设计人生时，这两条线索就交汇到一起了。

8.2.1 设计思维与组织

1．从起点就要介入

设计思维的起点在商业、社会和生活中，有了机会和挑战，多数人都会不自觉地应用设计思维去解决真实的问题。设计思维是从发散思维入手的，即有意识地尝试拓展而非减少选择。

2．采取以人为本的方式

因为设计思维平衡了用户、技术和商业三者的视角，所以从本质上讲，它是综合的。在开始阶段，设计思维优先考虑目标用户。设计思维观察人们如何行事，观察人们的生活情境如何影响他们对产品和服务的反应。设计思维不仅要考虑产品和服务的功能，还应考虑其情感意义。设计思维应发现人们没有说出来的或不易察觉的需求，并把这些需求转化为机会。

3．早失败，常失败

做出第一个模型所用的时间是衡量创新文化活力的很好的标尺。能以多快的速度使想法明确，从而测试和改进这些想法？企业领导应当鼓励实验，并相信失败不要紧，只要失败来得早，就可以成为可供学习的资料。有活力的设计思维文化会鼓励模型制作，即快速、廉价、简易，并将其作为创造性过程的组成部分，而不仅仅是证明最终想法的有效方法。有前景的模型会给设计团队成员带来兴奋感，当它有可能带来资助和支持时，这些成员就会成为热情的拥护者。但对模型的真正测试不是在团队内部，而是在实地进行。这样，农民、学生、商务旅行者或外科医生等目标客户就可以亲自体验模型。模型必须是可测试的，但不一定是实物。故事板、情景描述、电影甚至即兴表演都可以成为极其成功的模型，且越多越好。

4．寻求专业支持

有时，走出自己所在的组织，寻找拓展创新系统的机会，是更明智的做法。有时，要采取与顾客或新合作者共同创造的形式。有时，要聘用专家，他们可能是技术专家、软件怪才、设计咨询顾问或视频游戏玩家。在互联网的帮助下，产品和服务正走出被动消费的限制。顾客和合作者的积极参与不仅可能带来更多的想法，还会产生忠实追随者的网络，而这会让竞争者很难渗透。

5．分享灵感

面对面交流的时间，增进了团队成员间的关系，增强了团队的力量，这是一个组织所拥有的最宝贵的资源之一。要让这些时间尽可能富有成效且具有创造性。如果在他人想法的基础之上进行思考的过程是实时发生的，且发生在相互了解并且相互信任的人之间，那么这个过程就会变得容易得多。

6. 将大小项目结合起来

对创新而言，采用各种各样的创新方法是明智的，但要考虑哪些方法能充分利用组织的能量。要采取多样化的创新组合，从短期增长延伸到长期想法（小型项目），再延伸到长期革新型想法（大型项目）。具有创新性的领导必须愿意支持从上层搜索突破性想法，无论是引进一条新型办公家具生产线，还是引进一套全新的小学课程。最具吸引力的创新机遇恰恰存在于部门之间的交集中。

7. 按照创新步调编制预算

设计思维发展迅速，难以控制，而且具有颠覆性，因此，很重要的一点是按照创新步调编制预算，不要被常规流程延缓设计思维的步伐，破坏最具创造性的财富。灵活的资金分配方式在任何组织里都具有挑战性。灵活预算的诀窍在于要承认无法准确预测里程碑，且项目会呈现自身内在的活力。灵活预算的关键是审核过程，它依赖自身领导的判断力，而非某种自动执行的计算过程。

8. 尽你所能发现人才

设计思考者或许很少，但在每个组织中都有他们的身影。秘诀在于发现他们，培养他们，给他们自由，让他们做自己最擅长的事。或者是招聘那些了解设计思维的设计者，引进实习生，让他们与已有的经验丰富的设计者协同工作，以便培养有设计思维的人才。

9. 为全程而设计

多数项目从启动到进入实施阶段需要很长时间。当核心团队成员无法经历项目全过程时，对于参与者和项目本身都是损失。项目背后的主导观念很可能因此被削弱或被遗失。

8.2.2 设计思维与个人

为这个世界创造新事物是极其令人满足的，不管这个新事物是一项获奖的工业设计，一个简单的数学推导，还是发表在高中校报上的一首诗。培养这种个人成就感，是一种强大的推动力。因为这种成就感会使我们不愿意接受熟悉的、权宜的或乏味的东西。

1．不要问"是什么"，而要问"为什么"

对设计者来说，询问"为什么"是个机会，据此可以重新描述问题，重新确定限制条件，同时为更具创造性的答案开拓新的可能性。不要接受给定的限制条件，而是要问，这是否确实是需要解决的问题。

2．仔细观察

创新始于观察，好的设计者会进行观察，出色的设计者则观察普通的东西。养成习惯，每天至少有一次，停下来思考一下司空见惯的寻常之事。花点时间仔细观察那些你平时并不关心的人或物，培养自己仔细观察的耐心和习惯。

3．画出你的方法

要用视觉的方式记录观察的结果和想法，哪怕只是笔记本里的一页笔记或用手机拍摄的照片，这些图像积累起来就会成为想法的宝库。与单纯依靠文字和数字的做法相比，采用直观的视觉观察方式有助于我们以不同的方式看待问题。创造想法的方式也是如此。

4．在他人的想法上进一步思考

每个人都听说过摩尔定律和普朗克常数，但是当某个想法与提出他的人关联的过于紧密时，我们就应当质疑这个想法。如果一个想法变成了私人财产，那它就有可能慢慢变得陈腐而且脆弱。如果它在组织内部流动，经历不断的更迭、组合和变化，它很可能会不断地发展下去。

5．寻求多样化选择

不要满足于你想出的第一想法，也不要抓住提供给你的第一个有前景的解决方案不放。好的想法和解决方案来源很多。如果你还没有探索过很多的选择，说明发散思维运用得还不够。寻求新的选择需要花很多时间，而且会把事情搞得很复杂，但这是获得更具创造力、更令人满意的解决方案的途径。

6．保存所有资料

像设计师那样思考时，一个最令人满意的地方就是，结果是真实可信的。在项目结束时，过去并不存在的东西出现了。随着进程的不断推进，要把这一切记录下来。要拍摄录像、保留样图和草图、保存演示文档，还要保存好这些实体模型。将这些材料汇总成资料集，就可以详细记录发展进程，并记载许多有才智的人带来的影响。要把人生看作模型，我们可以在这个模型上进行实验，发现新事物，并产生新的观察问题的视角。当你的付出都有迹可查时，你会为自己所做的工作感到骄傲。

8.3   团队合作的 5 个阶段

创新的过程就是解决问题的过程，我们需要不断地学习。面对问题的复杂性，我们需要组建学习共同体，一起面对挑战，共同行动（见图 8-1）（摘自奥托·夏默《U 型理论》）。

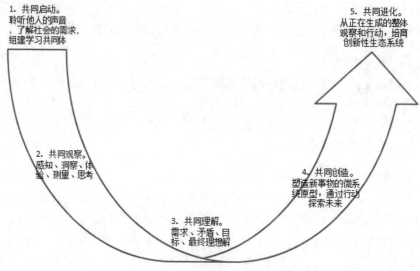

1. 共同启动。
聆听他人的声音，
了解社会的需求，
组建学习共同体

5. 共同进化。
从正在生成的整体
观察和行动，培育
创新性生态系统

2. 共同观察。
感知、洞察、体
验、测量、思考

4. 共同创造。
塑造新事物的微系
统原型，通过行动
探索未来

3. 共同理解。
需求、矛盾、目
标、最终理想解

图 8-1   基于问题学习的 5 个过程

8.3.1   共同启动

基于问题学习的第一项活动是共同启动，从零开始，揭示共同点。首先是创造场域或空间，使后续的活动能够逐步展开。如何生成这种空间呢？答案就是聆听。聆听场域中的其他核心成员的声音（聆听他人），聆听社会的需求、国家的需求、人类共同的需求，在更大的系统中思考跨学科创新的可能性，以及人类可持续发展。

1. 关注

所有伟大的思想都源于某种启发。通过跨学科创新的系统思考，积极思考个人的内心世界和鲜活的外部世界，关注社会需求和个人成长。帮助他人和面对现实是我们不断学习的动力和需要，应用我们的知识造福社会、造福人类，同时也实现了自身认同和自我完整。

2. 联结

聆听关于场域中令人感兴趣的成员对话。联结将你带到平常的世界之外，把你吸引到场域有趣的边缘和角落；与你感兴趣的成员交流，聆听他们的意见，以便学到改变现状并通往未来可能的途径和方法。我们要与最活跃的成员交流，但同时也不要忘了和不那么活跃的成员交流。当我们在整个场域的微型旅程中前行时，我们需要得到整个场域的教导和吸引。最重要的参与者、帮助者、未来的伙伴及想法，常常与预期大相径庭。因此，我们最重要的工作就是聆听并积极配合场域给予的帮助和指引。

3. 组建团队

组建团队，共同启动一个多元化的核心团队，激发共同的兴趣和愿望。共同启动的实质就是召集一群参与者互相扶持、共同行动和前进。这个召集过程需要适宜的时机、环境和条件，而不应是向别人推销自己的想法。所以召集参与者的艺术在于放松对自己想法的坚持，而又不放弃自己的想法。我们可以有意描绘一幅不完整的图画，只画上几笔，然后留出很多空白请其他人参与并补充完善。通过这种方式，我们可以从更大、更多元的社会场域或整体看待问题。在共同启动的过程中也应注意对权力、所有权和经费的需求及其适当的处理方式，这时就需面对是从现实状态开始考虑问题，还是从最终理想解考虑问题的方向性问题。

8.3.2 共同观察

与核心小组启动了共同的未来意愿或最终理想解之后，下一个挑战就是组建原型行动小组，完成感知、发现和从实践中学习的旅程，使共同意愿或最终理想解能根深蒂固。

1. 组建高度承诺投入的团队并澄清相关问题

原型核心小组重要的任务是反映出核心参与者和利益相关者的多元化，并全身心地投入原型项目，使之成为特定时间段（如 1 个月、3 个月或 12 个月）的首要任务。在这个过程中，需要在共同意愿或最终理想解的基础上澄清以下问题，并共同行动。

what：你想创造什么？

why：为何如此重要？

how：你如何实现目标？

who：相关参与者的角色和责任是什么？

when：在什么时候完成？

where：在什么地方进行？

2. 深潜至最具潜力的场所

深潜的学习旅程把人们和情境与思想联结起来，这些思想和情境与创造未来的可能性有关。深潜把个人运作的视角从熟知的世界，即个人所处的圈子，转向陌生的世界，即一个外在的、令人惊奇的、新鲜的世界。深潜旅程不是标杆的旅程，它通过全神贯注地观察现实行为，触及正在生成的更深层次。深潜的过程融合了感知、观察、体验、测量、思考等方式，如客户困境的亲身体验，相关者访谈，问卷调查，自己的独立观察、测量。

3. 从观察到洞察

暂停对研究对象的评判，就像第一次到达一个陌生的城市，保持对新问题、新情境的好奇心，认真地感知、观察、测量、访谈、聆听、思考，细致地描述所看到的一切，将自己融于问题场域，去感知和洞察整体的特征，寻找系统的盲点和客户的痛点。

洞察力是设计思维的关键能力之一。它通常并非来自那些成堆的定量数据，因为这些数据只能精确测量我们已拥有的东西，告诉我们那些我们已经知道的东西。一个更好的入手点是走进这个世界，去观察人们如何度过他们的每一天，去观察他们的真实经历。作为产品的消费者、服务的使用者，他们或许不能告诉我们该怎么办，但他们的实际行为却能为我们提供宝贵的线索，帮助我们找出那些未被满足的需求，如青藏铁路通风路基的问题。

在学习的旅程中，问题的答案并不是在某个地方等着我们去发现，而是蕴藏在团队的创造性工作中。创造性过程产生以前并不存在的想法和概念。这些想法和概念更可能是由观察一个业余木匠的古怪行为或一个机械加工车间里不协调的细节引发的，而不是靠雇用专业顾问或要求普通人回答问题或填写问卷得来的。因此，有助于项目开展的洞察阶段和之后才会涉及的工程设计阶段同样重要，而我们必须从任何一个地方获得洞察。

8.3.3 共同理解

全身心投入最具潜力的情境和场域之后，下一个行动就是触及深层觉知的源头——问题的最终理想解、新事物的最高可能性。

1. 同理聆听

当对场域信息有了基本的了解之后，就可以从观察逐渐深入洞察，聆听情境场域的声音，关于人的声音、物的声音、自己的声音和系统的声音。这是一个换位思考的过程，是信息整合的过程，是一个从发散到收敛的过程，是彼此相互理解的过程，包括对人的理解、对物的理解和对自己的理解。

2. 创意触发器

所有伟大的思想都源于某种启发。在信息聆听、理解、整合的过程中，需要有合适的创意触发器，如 40 个发明原理、76 个物场标准解、科学效应库等，来激发自己的想象力，产生灵感的火花。但是，灵感的火花转瞬即逝，就像夜空中的流星，我们要借助语言、文字、符号、图形等各种简易工具，及时流畅地捕捉灵感的火花，将抽象的想象和模糊的思想记录或描述下来，生成创意的结晶。

3. 创意结晶

创意结晶是从 0 到 1 的突变转折，是从抽象到具体的转折点，是创新过程的转折点。新意义的生成，就是将理想变为现实，创造出新事物，就像种子从土中破土而出的瞬间。创意结晶使抽象的想法鲜活地表现出来，使正在生成的事物清晰明了。创意结晶的关键结果是对模糊创意的定义，以及对即将产生的新事物的认知，这对塑造方案原型很有帮助。我们应当选择自己熟悉的工具，使创意被流畅地表达出来，避免复杂的工具阻碍创意的结晶过程。

4. 基于最终理想解的创意结晶

基于最终理想解的创意结晶比基于现实矛盾的创意结晶更具创造性和创新性。基于最终理想解的创意结晶整合了团队成员的集体期望和意愿，也适应系统场域的现实需求。经历了创意构思的过程，就完成了从抽象的共同意愿到适应现实的行动方案的转折和突变，接下来就是共同创造的时刻。

8.3.4 共同创造

1. 原型塑造

共同创造的重点在于将想法付诸实践，其实现方法是为你想要的未来塑造微系统原型，以及所有利益相关者的反馈，不断重复提升现有原型的合理性与可行性。

创意结晶仍然是幼小的、模糊的、不完善的，需要在最终理想解的原则下，借助团队成员和系统场域的条件，创造适合创意结晶不断生长、迭代的环境和条件，即将创意结晶放到现实中，在保持创意生命力的同时，接受现实条件的塑造。

创意原型是团队集体要创造的、未来的微型功能系统，是试验性的、探索性的。建立原型意味着在团队想法成熟可用之前将其展示出来。建立原型的目的是引发来自利益相关者的反馈（这个想法怎么样、感觉如何、是否符合大家期望），从而精炼项目的设想。其重点在于通过行动而不是分析探索未来。建立原型不是试点项目，试点项目更着眼于成功。相比之下，原型更关注尽可能地吸收学习。

2．微系统原型

微系统原型是创新成果的雏形，是最小可行性的产品雏形，是团队成员的集体意愿核心要素的实物化体现。塑造原型是一个反复迭代的过程，需要不断重复陈述问题、分析问题、解决问题、反思问题，是需要必要的学习时间的。

塑造原型需要考虑现实条件，但综合太多的现实条件会限制创新的可能性。因此，需要在最终理想解的指引下（进化趋势评估、创新等级评估、价值评估），在适当时机增添适当的现实条件，保护微系统原型的不断成长和完善。

8.3.5　共同进化

1．超越系统的边界

提出问题的本质是超越问题。当我们身处一个系统之中时，会看不到系统的整体样貌。就像坐在飞机上俯视大地和在大地上行走之间的区别。跨学科思想提醒我们走出自己的边界，不只向外看，还应及时回头，看看自己来时的路，不忘初心，牢记使命。

2．最终理想解

最终理想解既是创新的起点，也是创新的终点，而我们一直在起点和终点之间行动。跨学科创新是一条探索最终理想解之路，而面对的问题可以是个人的问题、团队的问题、社会的问题、国家的问题或人类的问题。

3．从创意到产品

计算机、汽车、房屋就是人类创新的杰作，创新的过程是新事物产生的过程。创新改变了人类生活。创意结晶只是新事物的雏形，还需要我们回到现实，解决生活中的真实问题，并在真实情景中将新事物创造出来，接受利益相关者的检验，造福社会。

8.4　迎接全球性的挑战

2015 年 9 月 25 日，联合国可持续发展峰会在纽约总部召开，联合国 193 个成员国在峰会上正式通过 17 个可持续发展目标。

可持续发展目标旨在从 2015 年到 2030 年以综合方式彻底解决社会、经济和环境三个维度的发展问题，转向可持续发展道路。

17 个可持续发展目标是实现所有人更美好和更可持续未来的蓝图。目标提出了我们面临的全球挑战，包括与贫困、不平等、气候、环境退化、繁荣以及和平与正义有关的挑战。

联合国 17 项可持续发展目标：消除贫困；消除饥饿；良好健康与福祉；优质教育；性别平等；清洁饮水与卫生设施；廉价和清洁能源；体面工作和经济增长；工业、创新和基础设施；缩小差距；可持续城市和社区；负责任的消费和生产；气候行动；水下生物；陆地生物；和平、正义与强大机构；促进目标实现的伙伴关系。

我们能否选择其中的一项，作为我们终身的目标，用跨学科创新方法和我们的勇气去解决这些问题呢？

联合国 17 项可持续发展目标呼吁所有国家（无论是贫穷还是富裕）行动起来，在促进经济繁荣的同时，保护地球。目标指出，消除贫困必须与一系列战略齐头并进，包括促进经济增长，解决与教育、卫生、社会保护和就业机会相关的社会需求，遏制气候变化和保护环境。

8.4.1　消除贫困

目标 1：在世界各地消除一切形式的贫困

在全球范围内，生活在极端贫困中的人口比例从 1990 年的 36% 下降到 2015 年的 10%。但是，改善的步伐正在减缓。

今天，全球仍有 7 亿多人（占世界人口的 10%）生活在极端贫困之中，他们对医疗、教育、用水和卫生设施等最基本的需求仍无法得到满足。大多数日均生活费不足 1.90 美元的人生活在东南亚和撒哈拉以南的非洲。全世界农村地区的贫困率是 17.2%，是城市地区的三倍多。

有工作的人不一定能过上体面的生活。2018 年，全球 8% 的雇佣工人及其家庭面临极端贫困。五分之一的儿童生活在极端贫困之中。确保为所有儿童和其他弱势群体提供社会保障是减贫的关键。

8.4.2 消除饥饿

目标 2：消除饥饿，实现粮食安全，改善营养状况和促进可持续农业

全球饥饿人口数量（按营养不足发生率计算）已持续下降数十年，从 2015 年又开始缓慢增加。2020 年的统计数据表明，将近 6.9 亿人处于饥饿状态，占世界人口的 8.9%。平均一年增加了 1000 万，五年内增加了近 6000 万。

按照目前的趋势，到 2030 年，世界不可能实现零饥饿的目标。届时，受饥饿影响的人数将超过 8.4 亿。

这意味着可能有超过 2.5 亿人徘徊在饥饿与死亡的边缘，因此需要迅速采取行动，向面临最大风险的地区提供粮食和人道主义救济。

与此同时，目前有 8.2 亿饥饿人口，预计到 2050 年世界将新增 20 亿人口，要为他们提供营养，全球粮食和农业系统必须做出深刻的改变。提高农业生产力和可持续粮食生产对减轻饥饿风险至关重要。

8.4.3 良好健康与福祉

目标 3：确保健康的生活方式，促进各年龄段人群的福祉

确保生活方式健康，促进各年龄段所有人的福祉对可持续发展至关重要。当前，世界正面临一场前所未有的全球卫生危机。

新冠病毒感染大流行之前，全球在改善数百万人的健康方面已经取得了重大进展，在增加预期寿命以及减少导致儿童和孕产妇死亡的一些常见病方面也取得了长足的进步。然而，各国还需付出更多努力，以根除一系列疾病，解决多种顽固和新型健康问题。通过为卫生系统提供更高效的资助可以改善环境卫生和个人卫生，提高医疗服务的可及性，有助于挽救数百万人的生命。

新冠病毒感染这一突发卫生事件带来了全球性的风险，表明了做好防范的迫切需要。联合国开发计划署强调，各国对这一危机的应对和恢复能力差异巨大。此次大流行病是提升突发卫生事件防范能力的重大契机，也是增加 21 世纪重要公共服务投资的重大契机。

8.4.4　优质教育

目标 4：确保包容和公平的优质教育，让全民终身享有学习机会

教育能够提升社会经济地位，更是摆脱贫困的关键。过去十年，各级教育机会大幅增加，入学率显著提高，尤其是女性的受教育机会显著提高。据联合国 17 项可持续发展目标文件资料，2018 年仍有约 2.6 亿儿童失学，约占全球学龄儿童的五分之一。全世界超过一半的儿童和青少年还达不到最低的识字和计算能力标准。

8.4.5　性别平等

目标 5：实现性别平等，增强所有妇女和女童的权能

性别平等不仅是一项基本人权，也是世界和平、繁荣和可持续发展的必要基础。过去几十年，上学的女童人数增多，被迫早婚的女童人数减少，更多的妇女任职于议会和担任领导，并且法律正在朝着促进性别平等的方向改革。

尽管如此，仍然存在许多挑战：歧视性的法律和社会规范仍然普遍存在；各级政治领导层中的妇女人数仍然不足；在一年内，15～49 岁的女性中有五分之一曾遭受各种暴力。

8.4.6　清洁饮水与环境卫生

目标 6：为所有人提供水和环境卫生，并对其进行可持续管理

尽管获得清洁饮用水和卫生设施的机会已大大增加，但仍有数十亿人缺乏这些基本服务，他们大多生活在农村地区。全世界有三分之一的人口无法获得安全的饮用水，五分之二的人口缺乏基本的洗手设施，包括肥皂和水，超过 6.73 亿人仍然露天排便。

世界卫生组织指出，洗手是最有效的预防措施之一，可以减少病原体的传播，预防病毒感染。然而，仍有数十亿人缺乏安全用水和卫生设施，在这个方面的可用资金不足。

8.4.7　经济适用的清洁能源

目标 7：确保人人获得负担得起的、可靠和可持续的现代能源

世界各国正朝着这个目标迈进。种种积极迹象表明，能源正变得更可持续，并得到广泛普及。较贫穷国家的电力供应已经开始加速，世界各国能源效率持续提高，可再生能源占电力供应的比例显著提升。

尽管如此，仍应更加重视获得清洁和安全的烹饪燃料和技术，扩大可再生能源在电力部门之外的应用，并促进撒哈拉以南的非洲的电气化。

《能源进展报告》记录了全球各国在普及能源、提高能源效率以及增加可再生能源利用等方面的进展。报告评估了每个国家在这三大领域取得的进展，并简要说明了我们离实现可持续发展目标还有多远。

8.4.8　体面工作和经济增长

目标 8：促进持久、包容和可持续经济增长，促进充分的生产性就业，使人人获得体面工作

持续和包容的经济增长可以推动进步，为所有人创造体面的就业机会，并改善生活水平。

新冠病毒感染扰乱了数十亿人的生活，并危及全球经济。

2020 年，有五分之一的国家人均收入停滞或下降，这些国家有数十亿贫困人口。现在，工业生产中断、商品价格下跌、金融市场动荡和不安全状况不断增多，使原本就已放缓的经济增长脱轨，加剧了其他因素带来的风险。

8.4.9　产业创新和基础设施

目标 9：建造具备抵御灾害能力的基础设施，促进具有包容性的可持续工业化，推动创新

包容性、可持续的工业化，加上创新和基础设施，能够释放经济活力，提高经济竞争力，从而创造就业岗位和收入，在引进和推广新技术，促进国际贸易，以及提高资源利用效率方面也发挥着关键作用。

然而，要充分挖掘这一潜能，各国仍有很长的路要走。尤其在最不发达的国家，要实现 2030 年的目标，就必须加快制造业的发展，并扩大对科学研究和创新的投资。

创新和技术进步是应对经济和环境挑战的长久之计，例如能够提高资源和能源效率。全球各国研究和开发投资占国内生产总值的比例从 2000 年的 1.5% 增加到了 2015 年的 1.7%，在 2017 年几乎保持不变，但在发展中国家，该比例不到 1%。

在通信基础设施方面，目前世界上有超过一半的人口能够上网，几乎全世界的人口都生活在移动网络覆盖的区域。

8.4.10　减少不平等

目标 10：减少国家内部和国家之间的不平等

减少不平等现象并确保不让任何一个人掉队，对实现可持续发展目标至关重要。

国家内部和国家之间的不平等现象一直令人忧虑。虽然在某些方面已出现了不平等现象减少的积极迹象，例如一些国家的相对收入不平等现象正在减少，低收入国家在贸易中享有优惠待遇，但不平等现象依然存在。

在卫生系统比较薄弱以及存在人道主义危机的国家，弱势群体面临的不平等现象也在加剧。难民、移民、土著民、老年人、残疾人和儿童尤其可能掉队。

8.4.11　可持续城市和社区

目标 11：建设包容、安全、有抵御灾害能力和可持续的城市和人类社区

全球城市化程度越来越高。自 2007 年以来，全球已有超过一半的人口搬到城市，预计到 2030 年，这个比例将上升至 60%。

城市和大都市是经济增长的动力，贡献了约 60% 的全球生产总值。但是，与此同时，这些地区的碳排放量占世界总排放量的约 70%，资源使用量占 60% 以上。

快速城市化正在导致越来越多的问题，包括贫民窟居民的数量增加，垃圾收集、供水系统、卫生系统、道路和交通运输等基础设施和服务不足或负担过重，空气污染加剧，城市无计划扩张，等等。

联合国粮食机构粮食及农业组织警告，如果不采取措施确保贫困和弱势居民的粮食供应，城市地区的饥饿和死亡人数可能会大幅增加。

8.4.12　负责任消费和生产

目标 12：采用可持续的消费和生产模式

全球的消费和生产推动全球经济发展，但依赖于对自然环境和资源的利用，目前的利用模式会持续对地球造成破坏性影响。

自 20 世纪以来，经济和社会进步伴随着环境退化，而环境退化正威胁着我们未来发展所依赖的各种系统，实际上我们的生存也依赖这些系统。

每年，预计有三分之一，相当于 13 亿吨、价值 1 万亿美元的食品会在销售过程中或者由于运输和收获不当而损失。

如果世界范围内人们都改用节能灯泡，那么，每年全球将节省 1200 亿美元。

到 2050 年，如果世界人口增加到 96 亿，那么，要维持现有生活方式所需的自然资源将相当于三个地球总资源的总和。

新冠病毒感染大流行为各国提供了制订恢复计划的契机，可以扭转当前趋势，改变我们的消费和生产方式，使其朝着可持续发展的未来迈进。

可持续消费和生产意味着用更少的资源做更多、更好的事情，也意味着消除经济增长与环境退化之间的关联，提高资源利用率，促进可持续的生活方式。可持续消费和生产还将有助于减缓贫困，向低碳和绿色经济过渡。

8.4.13　气候行动

目标 13：采取紧急行动应对气候变化及其影响

2019 年是有记录以来气温第二高的一年，也是有记录以来最热的十年（2010—2019）的最后一年。

2019 年，大气中的二氧化碳和其他温室气体含量达新高。

气候变化正在影响每个国家，破坏国民经济，影响人类生活。天气模式正在发生变化，海平面不断上升，天气变得更加极端。

受疫情影响，各地实施了旅行禁令，经济发展也有所减缓，因此 2020 年的温室气体排放量减少了，但这种改善只是暂时的。气候变化并未暂停。一旦全球经济复苏，排放量会大量增加。

要拯救生命和生计，就要采取紧急行动。

2015 年通过的《巴黎协定》旨在加强全球应对气候变化威胁的能力，将本世纪全球气温的升幅控制在相较工业化前水平的 2℃以内。该协定还旨在利用适当的资金流动，并建立一个新的技术框架和一个更有效的能力建设框架，以增强各国应对气候变化影响的能力。

8.4.14　水下生物

目标 14：保护和可持续利用海洋和海洋资源以促进可持续发展

海洋驱动着多个全球系统，让地球变得适宜人类居住。水、气候、粮食，甚至连我们呼吸的空气，从本质上讲都是由海洋调控的。

妥善管理这一重要的全球资源对建设可持续的未来至关重要。但是，当前沿海水域环境由于污染而持续恶化，海洋酸化对生态系统和生物多样性造成不利影响，对小型渔业也产生了负面影响。

我们必须始终优先考虑拯救海洋。海洋生物多样性对人类和地球的健康至关重要。海洋保护区需要进行有效管理并且配备充足资源，同时需要建立相关法律法规，以减少过度捕捞，减轻海洋污染和海洋酸化。

8.4.15　陆地生物

目标 15：保护、恢复和促进可持续利用陆地生态系统，可持续管理森林，防治荒漠化，制止和扭转土地退化，遏制生物多样性的丧失

自然环境对我们的生存至关重要。自然为我们提供氧气，调节天气为我们提供粮食、饲料和纤维。当前，自然环境承受的压力越来越大。人类活动已经改变了地球表面近 75%的区域，将野生动植物挤进地球上越来越小的角落。

2019 年《生物多样性和生态系统服务全球评估报告》显示，约有 100 万种动植物濒临灭绝，许多物种在未来几十年内就会灭绝。报告呼吁变革性改变，以复原和保护自然环境。报告发现，人类和其他所有物种赖以生存的生态系统的健康状况正在迅速恶化，恶化的速度前所未有。这影响着全球的经济、粮食安全、人类健康和生活质量。

人类活动和气候变化引起的毁林和荒漠化是实现可持续发展的主要挑战，已经影响到数百万人的生活和生计。森林对于维持地球上的生命至关重要，在应对气候变化中发挥着重要作用。《2020 年世界森林状况》强调，自 1990 年以来，全球约有 4.2 亿公顷的树木因农业和其他土地使用被砍伐。对土地复原进行投资至关重要，有助于改善生计，降低脆弱性和经济风险。

地球的健康关系到是否会出现人畜共患病（即在动物和人类之间传播的疾

病）。由于我们不断破坏脆弱的生态系统，人类与野生生物的接触日益广泛，野生生物的病原体扩散到了牲畜和人类身上，增加了疾病发生和蔓延的风险。

8.4.16　和平正义和强大机构

目标 16：创建和平、包容的社会以促进可持续发展，让所有人都能诉诸司法，在各级建立有效、负责和包容的机构

当今世界冲突不断，安全形势严峻，机构能力不足，人们诉诸司法的渠道有限。这些问题仍然是可持续发展的重大威胁。

2018 年，因逃离战争、迫害和冲突的难民人数超过 7000 万，创下联合国难民事务高级专员办事处（难民署）成立近 70 年来的最高纪录。

2019 年，联合国调查发现，在 47 个国家内，375 名人权维护者、记者和工会人士被杀害，30 人失踪。

世界各地 5 岁以下的儿童中，约有四分之一没有正式的出生记录，这令他们无法证明自己的法人身份，而拥有法人身份对保护他们的权利、帮助他们诉诸司法并获得社会服务至关重要。

8.4.17　促进目标实现的伙伴关系

目标 17：加强执行手段，重振可持续发展全球伙伴关系

只有加强全球伙伴关系和合作，才能实现可持续发展目标。

一项成功的发展议程需要在全球、区域、国家和地方各级建立包容性的伙伴关系。这种伙伴关系必须基于一定的原则和价值观，建立在以人与地球为中心的共同愿景和目标之上。

许多国家需要官方发展援助促进增长和贸易。但是，援助水平正在下降，捐助国没有兑现增加发展资金的承诺。

现在比以往任何时候都更需要强有力的国际合作，确保各国有办法从大流行病中恢复，重建更美好的家园，并实现可持续发展目标。

8.4.18　小结

17 个可持续发展目标是实现所有人更美好和更可持续发展的未来的蓝图。

目标提出了我们面临的全球挑战，包括与贫困、不平等、气候、环境退化、繁荣以及和平与正义有关的挑战。这些目标相互关联，旨在不让任何一个人掉队，在 2030 年之前实现每个目标。

8.5　小　　结

将系统性创新方法应用到实践之中，解决全球性的问题，即 17 项联合国可持续发展目标，对每个人都是机遇和挑战。

参 考 文 献

[1] 阿奇舒勒. 创新算法[M]. 谭培波，茹海燕，Wenling Babbit，译. 武汉：华中科技大学出版社，2008.

[2] 檀润华. TRIZ 及应用[M]. 北京：高等教育出版社，2010.

[3] 赵敏，张武城，王冠殊. TRIZ 进阶及实战[M]. 北京：机械工业出版社，2016.

[4] 孙永伟，伊克万科. TRIZ 打开创新之门的金钥匙[M]. 北京：科学出版社，2015.

[5] 加德. TRIZ：众创思维与技法[M]. 罗德明，王灵运，姜建庭，等译. 北京：国防工业出版社，2015.

[6] 曼恩. 系统性创新手册（管理版）[M]. 北京：机械工业出版社，2020.

[7] 鲁百年. 创新设计思维：设计思维方法论以及实践手册[M]. 北京：清华大学出版社，2015.

[8] 布朗. IDEO 设计改变一切[M]. 侯婷，译. 沈阳：北方联合出版传媒（集团）股份有限公司，万卷出版公司，2011.

[9] 勒威克. 林克，利弗. 设计思维手册：斯坦福创新方法论[M]. 高馨颖，译. 北京：机械工业出版社，2021.

[10] 雷普克. 如何进行跨学科研究[M]. 北京：北京大学出版社，2016.

[11] 夏莫. U 型理论：感知正在生成的未来[M]. 邱昭良，王庆娟，陈秋佳，译. 杭州：浙江人民出版社，2013.

[12] 阿奇舒勒. 哇！发明家诞生了：TRIZ 创造性解决问题的理论和方法[M]. 舒利亚克，英译. 黄玉霖，范怡红，汉译，成都：西南交通大学出版社，2015.

[13] 阿奇舒勒. 创新 40 法：TRIZ 创造性解决问题的诀窍[M]. 舒利亚克，英译. 黄玉霖，范怡红，汉译. 成都：西南交通大学出版社，2015.

[14] 赵敏，史晓凌，段海波. TRIZ 入门及实践[M]. 北京：科学出版社，2009.

[15] 徐起贺，刘刚，戚新波. TRIZ 创新理论实用指南[M]. 3 版. 北京：北京理工大学出版社，2019.

[16] 付志勇，夏晴. 设计思维工具手册[M]. 北京：清华大学出版社，2021.

[17] 柳冠中. 事理学方法论[M]. 上海：上海人民美术出版社有限公司，2019.

[18] 康纳，基利安. 非暴力沟通：详解篇[M]. 于娟娟，译. 北京：华夏出版社有限公司，2021.

[19] 叶鸿羽. 共情力与同理心[M]. 北京：华夏出版社有限公司，2020.

[20] 扎基. 选择共情[M]. 张俊杰，译. 北京：中国纺织出版社有限公司，2021：16-17.

[21] 王前，布瑞. 负责任创新的理论与实践[M]. 北京：科学出版社，2019：185.

[22] 张凌燕. 设计思维：右脑时代必备的创新思考力[M]. 北京：人民邮电出版社，2015：134.

[23] 钱学森. 论系统工程[M]. 长沙：湖南科学技术出版社，1982.

[24] 姚威，韩旭，储昭卫，等. 工程师创新手册（进阶）：CAFÉ-TRIZ方法与知识库应用[M]. 杭州：浙江大学出版社，2019.

[25] 孙东川，孙凯，钟拥军. 系统工程引论[M]. 北京：清华大学出版社，2019.

[26] 陈资璧，卢慈伟. 你的第一本思维导图操作书[M]. 广州：广东人民出版社，2017：92-95.

[27] 德博诺. 水平思考[M]. 卜煜婷，译. 北京：化学工业出版社，2017.

[28] 博赞. 博赞儿童思维导图[M]. 索析，译. 上海：华东师范大学出版社，2016.

[29] 凯利，利特曼. 创新的艺术[M]. 李煜萍，谢荣华，译. 北京：中信出版社，2017.

[30] 麦金. 怎样提高发明创造能力：视觉思维训练[M]. 王玉秋，译. 大连：大连理工大学出版社，1991：13.

[31] 高木芳德. 日常生活中的发明原理[M]. 蔡晓智，译. 成都：四川人民出版社，2018.